스티브는 우리가 이 책 「그리스도인의 성공 로드맵」에서 배우게 될 원리를 실제로 적용한 매우 노련한 사업가이다. 스티브는 사업가들이 하나님의 방법으로 사업을 경영할 수 있도록 가르치는 일에 자신의 삶을 헌신하고 있다. 지금 사업을 시작하려고 생각하는 사람이라면, 그 결정을 내리기 전에 이 책을 읽어볼 것을 권한다. 나는 스티브 마(Steve Marr)를 진심으로 존경한다. 당신은 이 책이 주는 실제적인 메시지에 감사하게 될 것이다.

하워드 데이튼, 크라운 파이낸셜 미니스트리(Crown Financial Ministries)의 공동 설립자

「그리스도인의 성공 로드맵」은 너무 늦게 나왔다. 이 책은 새로운 사업을 시작하려는 그리스도인들에게 정말 필요한 입문서이다. 일에 뛰어들기 전에 이 책을 신중하게 기도하는 마음으로 읽어보기를 권한다.

데니스 피콕, 기독교 봉사 전략 연구소(Strategic Christian Service)의 설립자이자 회장

멈춰라! 스티브 마의 「그리스도인의 성공 로드맵」을 읽기 전에는 사업을 시작하지 말라. 성경의 조언을 구하지 않는다면, 당신의 꿈은 악몽으로 변할 수도 있다. 이 책은 구입할만한 가치가 있다. 이 책의 실제적인 제안을 따르면 수천 달러를 절약하고 수익을 올리는데 큰 도움이 될 것이다.

켄트 험프리, FCCI/Christ@Work의 회장

수많은 사업 관련 저술가 및 전문가들과 일해 본 경험을 통해 볼 때, 그리고 사업의 모든 단계에서 하나님의 지혜를 실제적으로 적용하는 일에 대한 스티브 마의 능력을 볼 때, 스티브 마는 내가 만난 사람 중에서 가장 재능 있는 사람이다. 「그리스도인의 성공 로드맵」은 새로운 사업을 시작하는데 필요한 성경적인 원리를 제공하고 있을 뿐만 아니라 이미 사업을 경영하면서 자신의 사업이 성경적인 근거에 기초하고 있는가를 확인하고 싶은 사람들을 위한 필독서이다.

조 존슨, 비지니스 리폼(Business Reform) 지의 설립자이자 회장

스티브 마의 책은 사업을 시작하고 경영하라는 부르심에 대해 생각하고 있는 모든 사람의 필독서이다. 이 책은 실제적인 통찰력, 지식, 성경적인 원리를 제공하고 있기 때문에, 성공하고자 하는 사람들에게 필요한 지침서로서 모든 사업가에게 도움이 될 것이다.

스콧트 맥파레인, 복음주의적 상업 연구소(Evangelical Commerce Institute)의 이사

「그리스도인의 성공 로드맵」은 사업을 시작하려는 사람들 또는 자기 사업을 재평가하려는 사람들을 위한 필독서이다. 저자는 우리가 미처 깨닫지 못하고 있었던, 우리 사업에 영향을 미치는 문제들을 다루고 있다. 배우자와 가족의 이해를 받는 일에서부터 사무실 공간을 찾는 일까지, 하나님의 방법대로 사업을 경영하는데 필요한 안전성과 기초를 확보하고, 가정과 일 사이에 건강한 균형을 유지하는데 도움이 되는 과정으로 인도한다.

캐슬린 잭슨, 경건한 여성 사업가를 위한 잡지(The Godly Business Woman Magazine) 발행인

올바른 방법으로 일을 시작하는 것이 그 일을 어떻게 끝맺게 되는가에 결정적인 영향을 미칠 수 있다. 성공인지 실패인지는 초기에 결정된다. 인생과 마찬가지로, 사업을 시작할 때의 첫 걸음은 대단히 중요하다. 「그리스도인의 성공 로드맵」에서 스티브 마는 성공적인 사업을 향해 올바른 발걸음을 내딛는 방법을 깨닫도록 도움을 준다. 이 책은 시간을 들여 읽을 만한 가치가 있다.

랜디 칼슨 박사, 패밀리 라이프 라디오 네트워크(Family Life Radio Network)의 회장

스티브 마는 성경을 모퉁이 돌로 삼아 성공적이고 믿음으로 충만한 사업의 기초를 놓기 위한 단순하고 실제적인 단계를 제시한다. 「그리스도인의 성공 로드맵」은 하나님의 인도하심이 없으면 자신만의 사업을 시작할 수 없다는 것을 깨닫는 겸손과 용기를 가진 사람들을 위한 책이다. 만약 당신이 사업을 시작하려고 하거나, 그런 사람을 알고 있다면, 이 책을 읽어야 한다.

폴 J. 마이어, 성공 동기부여 연구소(Success Motivation Institute, Inc.) 및 40개 이상 회사의 설립자, 뉴욕타임즈 베스트셀러 작가

그리스도인의
성공 로드맵

그리스도인의 성공 로드맵

초판 1쇄 | 2007년 12월 12일

지은이 | 스티브 마
옮긴이 | 오수현
펴낸이 | 김은옥
펴낸곳 | 올리브북스
주소 | 부천시 원미구 중동 1152-3 메트로팰리스 1차 A동 1203호
전화 | 02-393-2427
이메일 | kimeunok@empal.com
출판등록 | 제387-2007-00012호

ISBN 978-89-958775-4-8 03230

■ 책값은 뒤표지에 있습니다.

총판 소망사(02-392-4232)

하나님의 방법대로 사업을 경영하라

그리스도인의
성공 로드맵

Roadmap to Success

스티브 마 지음 오수현 옮김

:: 감사의 말

좋으신 하나님과 예수 그리스도에게 감사드린다. 내 인생에 하나님의 주되심과 인도하심이 없었다면, 이 책은 불가능했을 것이다. 모든 진리를 담고 있는 하나님의 말씀에 의하면, 우리는 성공적이고 복된 삶을 살아야 하며 여기에는 우리의 사업도 포함된다.

내 아내 메리는 내가 이 일에 대한 비전을 계속해서 추구하도록 끊임없이 격려해 주었으며, 나의 훌륭한 동역자이기도 하다.

또한, 「사업을 위한 잠언 사역」(Business Proverbs Ministry)을 위해 기술적인 부분과 그래픽 관련 부분에서 도움을 준 마이클 마셜(Michael Marshall)에게 감사를 표하고 싶다. 그리고 행정적인 도움을 준 메를린 한슨(Merlynn Hanson)에게도 감사를 전한다.

이 책의 편집과 디자인, 그리고 피드백을 해준 브라이언 매스트(Brian Mast)의 도움에 감사드린다. 원고의 전체 혹은 일부분을 읽어보고 솔직한 의견을 말해주어 이 책이 더 나은 모습으로 완성될 수 있도록 도움을 준 모든 사람에게 감사를 드린다.

이 책에 실린 많은 자료와 실제 이야기를 제공해준 고객들과 사업가들에게 감사를 드린다. 그분들의 비밀을 보장하기 위해 이름과 지명, 회사명은 모두 바꾸어 언급했다.

목차 :: Contents

:: 서문 — 10

제1부 모퉁이 돌을 선택하기

1장 모퉁이 돌을 선택하라   —14

2장 모퉁이 돌을 놓으라   —30

제2부 자신의 선택을 평가하기

3장 자신을 평가하라   —50

4장 경쟁상대를 평가하라   —86

제3부 사업을 명확하게 정의하기

5장 사업의 비전을 정의하라   —102

6장 사업을 어떻게 시작할 것인가   —118

7장 사업 방식을 선택하라   —133

8장 사업 계획서를 준비하라   —155

제4부 사업 시작하기

9장 소비자(고객)를 이해하라 — 174

10장 필요한 재정을 준비하라 — 192

11장 사업장의 위치를 결정하라 — 218

12장 설비를 갖추라 — 234

제5부 사업상 결정 내리기

13장 직원을 고용하라 — 258

14장 일의 절차를 준비하라 — 276

15장 계획을 실행하라 — 288

:: 나가는말 — 300

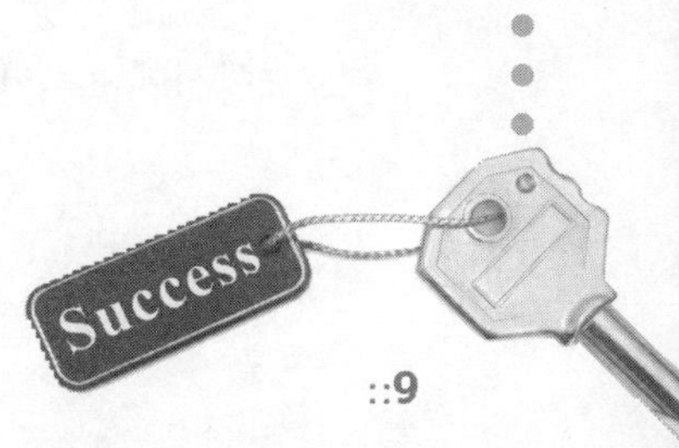

수많은 사람들이 자기 사업을 시작하여 성공하는 것을 꿈꾼다. 그러나 냉혹한 현실은 매년 새로 창업된 70만 개의 크고 작은 사업체 중에서 50퍼센트가 실패한다는 점이다. 대개 내적인 황폐함, 깨어진 인간관계, 재정적인 파산이 넓게 휩쓸고 지나간 자리만 남을 뿐이다.

지금 막 사업을 시작했든지 아니면 사업에서 성공하기를 원하는 사람이든지간에, 이 책은 그들이 성공할 수 있도록 성경에 근거한 지도(roadmap)에 초점을 맞추고 있다. 이 책을 읽어나가면서, 여러분은 내가 몇 가지 방해물과 좋지 못한 사건을 언급하고 있음을 알 수 있을 것이다. 그것은 바로 속도를 늦추고 자신의 계획을 다시 생각해보라는 경고이다. 그러한 경우에, 나는 여러분에게 다른 대안을 제시하고 또 다른 비극적인 통계수치를 피할 수 있는 방법을 보여줄 것이다. 그리고 그 이상으로 여러분이 성공할 수 있는 방법을 보여주려고 한다.

여호수아서에 이렇게 기록되어 있다. "이 율법책을 네 입에서 떠나지 알게 하며 주야로 그것을 묵상하여 그 가운데 기록한대로 다 지켜 행하라 그리하면 네 길이 평탄하게 될 것이라 네가 형통하리라(and then you will have success)"(수 1:8).

하나님은 우리가 하나님의 말씀을 읽고 순종하기로 선택한다면 우리에게 성공을 주신다고 약속해 주셨다. 이것이 하나님이 주시는 축복이다. 우리가 백만장자처럼 되리라는 약속을 받은 것은 아니다. 그러나 우리가 순종할 때 행복하고 복된 삶을 살게 된다는 하나님의 약속을 받았다고 믿는다.

성경은 사업을 포함한 삶의 모든 영역에 적용해야 하는 영감 있는 진리를 말씀하고 있다. 성경 속의 많은 뛰어난 인물들은 하나님의 도우심으로 위대한 기업을 이루었다. 아브라함은 큰 양떼를 이루었다(농장주). 요셉은 큰 기근을 준비하면서 이집트를 다스렸다(대규모 창고 경영자). 노아는 큰 방주를 지었다(선박 회사). 솔로몬 왕은 하나님이 주신 지혜를 사용해서 위대한 나라를 세웠다.

사업에는 도전이 뒤따르며, 이는 모든 사업가들이 알고 있는 사실이다. 사업가들은 여러 가지 역할을 감당해야 하고, 그 역할을 잘 해내야 한다. 통계에 의하면, 대부분의 사업이 실패하고, 살아남는다고 해도 대개 얼마 안 되는 수입만을 벌어들인다고 한다.

이 책의 초점은 성경에 기록된 원리를 따라가면서 성공을 위한 자신만의 지도를 준비하도록 당신을 돕는 것이다. 그것이 당신의 꿈이고 목적이라면, 그 지도는 당신이 그곳에 도달하도록 도와줄 것이다. 대부분의 사람들은 차를 타고 휴가를 떠나면서 가능한 한 빨리 목적지에 도달하려고 지도를 꺼내든다. 이와 마찬가지로 지도를 보면서 사업을 시작하거나 성공하고자 한다면 시간과 에너지를 절약하게 될 것이고 실망할 일이 없을 것이다. 나는 KJV, NKJV, NIV, NASB, NLT, NRSV와 같은 여러 번역본의 성경을 인용했다. 연구하면서 여러 성경의 번역본을 사용하는 것이 하나님의 말씀을 이해하는데 도움이 된다는 것을 깨달았기 때문이다.

여러분이 자신의 인생과 사업에 대한 하나님의 온전하신 뜻을 발견하는데 도움이 되는 지도로 이 책을 사용할 수 있기를 기도한다. 하나님의 자녀라면 그것만큼은 경험해야 한다.

1부
그리스도인의
성공 로드맵

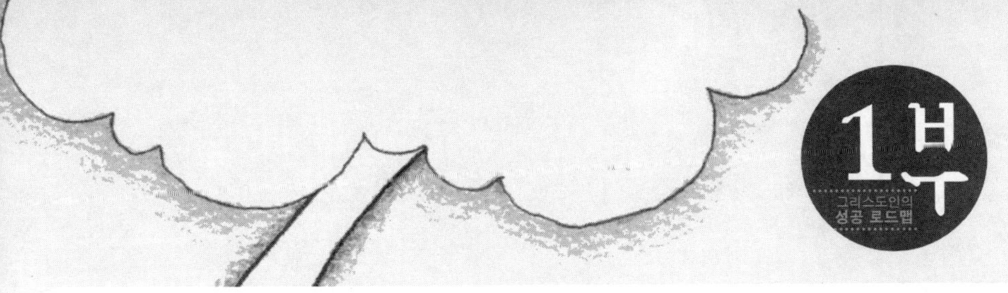

1장 모퉁이 돌을 선택하라
2장 모퉁이 돌을 놓으라

모퉁이 돌을 선택하기

Roadmap to Success

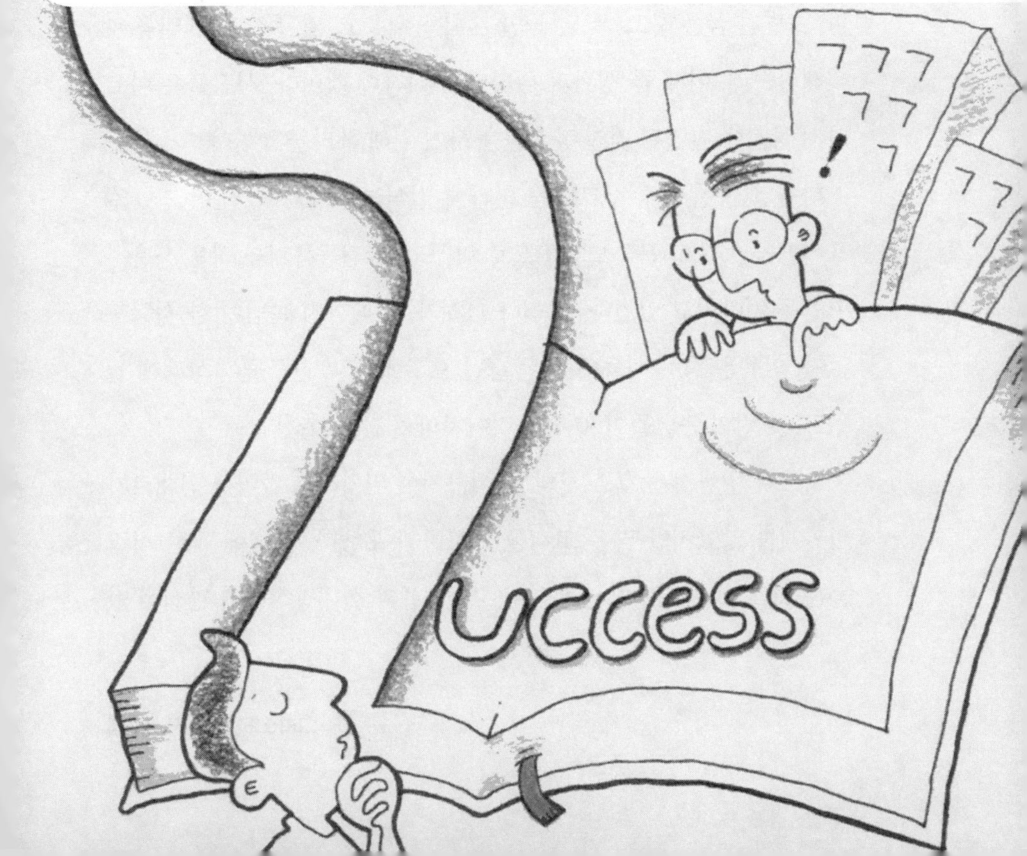

모퉁이 돌을 **선택하라**

마르다는 밤새 잠을 이룰 수 없었다. 내일 자신의 상점을 개업한다는 생각에 지나치게 흥분하고 있었다. 수년간 꿈을 꾸고, 몇 달 동안 계획을 세우고, 몇 주간 모든 일을 준비해왔는데, 이제 곧 성과가 나타나기 시작할 것이다. 사람들은 마르다의 상점에 진열된 멋진 장식품을 사기 위해 몰려들 것이다.

다음날 아침 9시, 마르다는 현관에 걸어놓은 'closed'(문을 닫았음) 표지판을 'open'(문을 열었음)으로 바꾸고, 금전등록기를 처음 사용하기만을 기다리고 있었다. 그러나 11시가 될 때까지 손님이 한 사람도 없자, 의욕은 점차 시들해졌다. 그날 오후에 몇몇 친구들이 상점에 들렀고, 몇 명의 손님들이 87.76달러어치의 물건을 사갔다.

마르다의 상점은 그 도시의 옛 시가지에 위치하고 있어서 임대료가 비싸지는 않았지만 많은 고객을 확보하지 못했다. 상점에 들른 사람들은 진열되어 있는 최신 유행의 수공예품과 실내장식품에 관심이 없었다.

첫 6개월 동안, 상점의 수입은 수지를 맞추는데 필요한 금액의 20퍼센트 미만에 불과했기 때문에 마르다가 가지고 있는 자금은 빠르게 줄어들고 있었다. 마르다는 광고도 해 보았지만 결과는 좋지 않았다.

마르다가 가지고 있던 자금은 일 년만에 바닥이 났고, 마르다는 자신의 꿈을 포기하지 않기 위해서 집을 담보로 두 번째 대출을 받고 신용카드까지 사용했다.

개점한 지 2주년이 되기도 전에 마르다는 17만 달러의 손실을 입고 상점을 정리해야 했다. 마르다는 집 값 이상의 빚과 7만 달러의 카드 빚을 지게 되었다. 설상가상으로, 상점 주인은 마르다가 5년간 임대하기로 약속했던 것을 상기시키면서 계속해서 매달 월세를 내주기를 바라고 있었다. 그리고 필요하다면 월세를 받기 위해 소송을 제기할 것이라고 말하는 것이었다. 절망스럽고, 정서적으로 공허하고, 파산한 상태로, 마르다는 상점을 그만두었다. 무엇이 잘못된 것일까?

하나님은 우리가 성공하기를 원하신다

모든 기업은 꿈에서부터 시작된다. 꿈이 실현되는 것을 보게 되는지 아니면 마르다처럼 악몽을 꾸고 깨어나게 되는지, 그것은 올바른 과정을 따라가느냐에 따라 달라질 것이다.

하나님은 하나님의 자녀들이 실패하는 것을 원하지 않으신다. 하나님은 우리에게 용기를 주시면서 말씀하신다. "나 여호와가 말하노라 너희를 향한 나의 생각은 내가 아나니 재앙이 아니라 곧 평안이요 너희 장래에 소망을 주려 하는 생각이라"(렘 29:11). 하나님은 하나님의 모든 자녀들이 성공하기를 바라신다.

> 하나님께서 우리의 성공을 원하신다는 사실은 고집스러운 버릇처럼 변하지 않는 진리이다.

하나님의 최선을 경험하기 위해서는 가장 먼저 우리의 삶에 대한 하나님의 온전하신 뜻을 발견해야 한다. 하나님의 진행과정은 질서정연한 것으로, 우리가 기꺼이 그 과정을 성실히 따라가고자 한다면 하나님은 우리의 노력에 축복해주신다.

순종하기로 결단하라

하나님께서 사업의 길로 인도하고 계신다고 믿는다면, 모든 일을 하나님의 말씀에 합당하게 행하기로 결단하는 것부터 시작하라. 많은 사람들은 사업을 하면서 그저 반쪽자리 마음으로 순종한다. 상황이 편리할 때만 하나님께 순종하려고 한다.

그리스도인의 **성공 로드맵**

유다의 왕인 아마샤를 살펴보자. "아마샤가 여호와 보시기에 정직히 행하기는 하였으나 온전한 마음으로 행치 아니하였더라"(대하 25:2). 아마샤는 대적과의 싸움에서 승리했지만, 결국 불순종 때문에 자유와 함께 모든 것을 잃어버리고 말았다.

여호수아 1장 7절은 말씀한다. "오직 너는 마음을 강하게 하고 극히 담대히 하여 나의 종 모세가 네게 명한 율법을 다 지켜 행하고 좌로나 우로나 치우치지 말라 그리하면 어디로 가든지 형통하리니"(수 1:7).

하나님의 뜻에 순종하면 복이 임하지만, 불순종하면 실패할 뿐이다. 앞서 살펴본 마르다의 경우처럼, 사업에서 실패할 때는 여러 가지 실수(잘못된 위치 선정, 자금 부족 등) 때문일 수도 있지만, 성공적인 사업을 계획할 때는 하나님께 순종하는 것을 우선순위에 두어야 한다.

기도로 모든 것을 말씀 드려라

예수님께서는 "너희가 기도할 때에 무엇이든지 믿고 구하는 것은 다 받으리라"(마 21:22)고 말씀하셨다. 그러므로 우리가 사업가가 되거나 관리자로 부르심 받았다고 믿는다면, 우선 기도를 통해 하나님의 지혜, 인도하심, 완전한 절차를 구해야 한다.

하나님은 모든 기도에 응답하실 것이다. 하나님은 허락하시거나(yes). 거절하시거나(no), 아니면 기다리라(wait)고 말씀하신다. 사업을 추진하는 모든 단계를 기도를 통해 올려드릴 때, 하나님의 응답을 분별할 수 있다. 많은 사람들이 자기가 하고 싶은 일을 하나님께 말씀드리고 그들의 계획에 축복해 달라고만 요구한다. 그러나 예수님은 "주 너의 하나님을 시험치 말라"(마 4:7)고 말씀하신다.

〈포커스 온 더 패밀리〉(Focus on the Family)의 제임스 답슨(James Dobson) 박사는 "감정은 항상 우리를 속일 것이다"라고 가르친다. 그러므로 우리는 결정을 내릴 때 과도한 감정주의의 덫에 걸리지 않도록 주의해야 한다. 대신에 특정한 사업에 모험을 걸어도 되는지를 구체적으로 기도하면서 하나님의 뜻을 구해야 한다. 그리고나서 응답을 기다려야 한다. 기도만이 하나님의 뜻을 분별하는데 도움이 되는 능력 있는 도구이다.

:: 증거를 조사하는 것만으로는 충분하지 않다

이스라엘의 지도자들은 이방 부족이 먼 곳에서 왔다고 하는 말을 믿었기 때문에 그 부족과 평화협정을 맺기로 결정했다. 그 부족이 가지고 온 곰팡이 핀 빵, 찢어진 포도주 부대, 낡은 옷을 보고 그들이 먼 지방에서 왔다는 '증거'라고 생각하여 그런 결정을 내린 것이다.

그러나 이스라엘 지도자들의 결정은 틀렸다. "무리가 그들의 양식을 취하고 어떻게 할 것을 여호와께 묻지 아니하고"(수 9:14). 이처럼 우리도 단지 증거만을 살펴보고 하나님께 묻지 않으면 하나님의 뜻을 놓칠

   그리스도인의 **성공 로드맵**

수 있다.

한 가지 예로, 나는 양어장에 투자한 적이 있다. 나는 낚시를 좋아했고, 수족관 관리하는 것을 좋아했다. 나는 사업계획서를 검토하고, 관리자를 만나보고, 자산을 정밀하게 살펴보았다. 나는 모든 증거를 조사했다. 모든 단계를 거쳤지만, 가장 중요한 것 하나를 빼먹었다. 하나님의 인도하심을 구하지 않은 것이다. 나는 전적으로 내 스스로의 힘만으로 거래를 시작했다.

투자하고 나서 처음 일 년간, 그 양어장의 경영이 부실하고 항상 진실을 감추려 할 뿐만 아니라 효과적인 사업계획을 실행할 수 없는 상태임을 알게 되었다. 그 결과, 전반적인 사업 계획은 유명무실하게 되었고 내가 투자한 돈은 사라지고 있었다.

> 위치와 타이밍!
> 이것이 성공인지 실패인지를 결정한다.

나는 하나님께 기도했다. 이 어려움에서 구해주시고 이 상황을 바꾸어주시도록 간구했다. 하나님은 나에게 이렇게 질문하시는 것으로 응답하셨다. "이런 어려움을 겪기 전에 나에게 기도했느냐?" 나는 그렇게 하지 않았다고 고백했다. 내 스스로 이런 상황을 초래한 것이라면, 내 스스로의 힘으로 이 상황에서 벗어나야 한다는 것을 하나님께서는 나에게 가르쳐주셨다. 하나님께서 개입하셔서 나를 구원해주시거나 다른 사람을 구원해주시는 상황도 여러 번 경험했지만, (하나님은 우리가 어렵게 교훈을 얻을 필요도 있다는 것을 알고 계시기 때문에) 우리의 실수로 인한 결과에 책임을 져야 하는 경우도 있다.

하나님께서는 절대로 잊을 수 없는 교훈을 내게 가르쳐주셨다. 가장 먼저 하나님께 물어보라!

:: 하나님의 타이밍이 중요하다

하나님께서 긍정적인 응답을 주셨을 때도, 우리는 하나님의 타이밍보다 내 자신의 타이밍을 주장하면서 앞서 달려 나가지 않도록 조심하면서 계속 기도해야 한다. 하박국 2장 3절은 "이 묵시는 정한 때가 있나니 그 종말이 속히 이르겠고 결코 거짓되지 아니하리라 비록 더딜지라도 기다리라 지체되지 않고 정녕 응하리라"(합 2:3)고 말씀한다. 비전을 이루기 위해서는 하나님의 타이밍과 맞아야 한다.

코너(Connor)는 자기가 살고 있는 도시에서 청과물 가게를 열고 싶었다. 코너는 임대할 수 있는 가게 자리를 알아보고 사업과 관련된 자격증을 취득하기 위한 단계를 밟아나갔다. 계속해서 하나님의 온전하신 뜻을 구하는 동안, 장애물이 연달아 나타나기 시작했다. 예를 들면, 코너가 임대 계약에 서명하기 전에 보수 공사를 해주기로 한 약속을 건물 주인이 지키지 않았다. 그리고 그 도시에서 가장 큰 공장이 문을 닫게 되면서 그 도시의 인구 가운데 25퍼센트가 직장을 잃게 되었다. 다행히도 코너는 인도하심을 구하면서 기도 중이었기 때문에, 가게를 열려고 했던 계획을 곧바로 중단했다. 일이 지연되는 상황에 올바르게 대처함으로써, 코너는 하나님의 보호하심을 경험했다.

5년 후에, 새로운 기업이 이 도시로 이전해 오면서 고용수준이 예전처럼 회복되었다. 도시는 경제적인 침체에서 벗어나게 되었다. 코너는 이제 청과물 가게를 열기 위한 준비를 해나갈 수 있었다. 하나님의 완벽한 타이밍이었기 때문에, 모든 노력이 순조롭게 진행되었고 성공적이었다. 코너가 5년 전에 시작했더라면, 아마 파산했을지도 모른다.

열정이 있어야 한다

무슨 사업을 하기로 결정했든지간에 성공하기 위해서는 열정이 있어야 한다. 열정이 있으면, 어려운 시기에도 성실할 수 있다.

데이브(Dave)는 빵을 좋아한다. 빵을 반죽하고, 빵이 부풀어 오르는 것을 보고, 빵을 구우면서 그 냄새 맡는 것을 좋아한다. 데이브는 빵과 관련된 모든 것을 좋아한다. 데이브는 시식하려고 줄 서 있는 사람들을 보는 것을 보람으로 삼았고, 그 빵집의 빵을 좋아하는 손님들을 보면서 기뻐했다. 간단히 말해서, 데이브는 빵에 대해, 그리고 빵과 관련된 모든 것에 열정이 있었다. 그 열정 때문에, 데이브는 사업을 하면서 겪게 되는 많은 어려움을 극복할 수 있었고 새벽 3시면 일어날 수 있었다. 데이브가 성공적으로 빵집을 운영할 수 있었던 가장 중요한 요인은 바로 그의 열정이었다.

수(Sue)와 빌(Bill)은 아이스크림과 요구르트 전문점을 열고 싶었다. 그들의 목표는 수익을 올리면서도 자신들은 직접적으로 개입할 필요가 없는 사업을 운영하는 것이었다. 그들은 나에게 사업을 잘 시작할 수 있는 방법에 대한 조언을 구했다. 나의 첫 번째 질문은 "당신은 아이스크림을 좋아하십니까? 아이스크림 퍼주는 일을 좋아하십니까? 당신은 선데이(sundae, 과일·과즙 등을 얹은 아이스크림)와 밀크쉐이크 만드는 일을 좋아하십니까? 사람들이 아이스크림 먹는 모습을 지켜보는 것을 좋아하십니까? 라는 것이었다.

빌은 그런 것은 중요한 문제가 아니라고 대답했다. 빌과 수는 매장을 운영할 사람을 고용할 계획이었고 자기가 직접 아이스크림을 판매할 생각은 하지 않았다. 그들은 내 조언을 듣고 놀라는 것 같았다. 나는 그들에게 아이스크림 가게를 시작하지 말라고 강력하게 만류했다. 현실적으로 생각할 때, 그들은 아이스크림 가게에서 많은 시간을 보내야 할 것이며, 직원을 훈련하고, 훌륭한 고객 서비스에 대한 본을 보여야 하고, 가게가 바쁠 때는 직접 도와야 할 것이라고 설명했다.

그들은 내 조언을 무시하고 돈을 빌려서 가게를 열었다. 18개월 후, 그들은 겨우 적자를 면하느라 애쓰고 있었다. 매일 가게에 나와 일하

 그리스도인의 **성공 로드맵**

면서 아이스크림 떠주는 일을 억지로 하고 있었다. 불행히도 빚 때문에 아이스크림 가게에 매여 있었다. 이제 가게 문을 닫을 수도 없었다.

빌과 수는 성공적인 사업에 대한 꿈과 감정 때문에 잘못된 결정을 내린 것이다. 그들이 좀 더 깊이 생각했다면, 하나님이 이미 그들 안에 무엇에 대한 열정을 주셨는지를 깨달았을 것이다. 그들은 둘 다 상담 기술을 사용하는 직업을 가지고 있었다. 아이스크림 가게 대신에, 그들의 상담 능력을 중요하게 사용할 수 있는 사업을 추진했더라면 좋았을 것이다.

열정이 있을 때, 어려운 시기를 잘 헤쳐 나갈 수 있는 에너지와 소망을 얻게 된다. 예수님은 라오디게아 교회에 말씀하셨다. "네가 이같이 미지근하여 더웁지도 아니하고 차지도 아니하니 내 입에서 너를 토하여 내치리라"(계 3:16). 우리가 하나님께 헌신하는 일에 미지근하다면, 하나님을 잘 섬길 수 없다. 이와 마찬가지로 열정이 없다면 사업을 할 때도 능력 있게 일할 수 없다.

하나님은 오직 하나님에게서만 얻을 수 있는 열정을 우리 마음에 주신다.

분명한 목적을 가지라

성공적인 사업가들은 자기 사업에 대한 분명한 비전을 가지고 목적을 세운다. 마치 화가가 캔버스에 물감을 칠하기도 전에 완성된 그림을 '보아야만' 하는 것처럼, 기업가는 미래를 '보아야만' 하고, 하나님의 인도하심에 따라 사업을 어떻게 이끌어 갈지를 결정해야 한다. 기도하면서 비전을 얻고 목적을 설정하는 것은 어떤 사업이든 성공하기 위한 중요한 기초가 된다.

성경은 "비전이 없으면 백성은 망하게 된다"(Where there is no vision, the people perish, KJV)(잠 29:18)라고 말씀한다. NLT 성경에는 "하나님의 인도하심에 순종하지 않으면 백성이 제멋대로 행한다"(Where people do not accept divine guidance, they run wild)라고 되어 있다. 분명한 비전과 목적이 있을 때 제 궤도를 유지할 수 있다. 반면에 비전이 분명하지 않으면 상관없는 목표를 따라가게 되고, 궤도를 벗어나서 결국에는 실패하게 된다.

사도 바울은 "푯대를 향하여 그리스도 예수 안에서 하나님이 위에서 부르신 부름의 상을 위하여 좇아가노라"(빌 3:14)고 쓰고 있다. 바울의 본을 따라서, 우리는 그리스도가 주실 상을 마음에 품고, 사업의 목적을 바라보아야 한다.

목적선언문(Mission Statement)

크든 작든 모든 기업은 잘 정리된 목적선언문을 가지고 있어야 한다. 우리 기업이 존재하는 이유, 다른 기업들은 잘 하지 못하거나 전혀 할 수 없는 일인데 우리 기업이 잘할 수 있는 일은 무엇인지를 한두 문장으로 설명하는 목적선언문이 있어야 한다. 목적선언문을 외우기 쉽게 정해 놓고 그것을 서랍에 넣어놓거나 벽에 붙여놓고서 다시 보지 않는다면 아무런 효과가 없을 것이다. 목적선언문을 항상 마음에 품고, 그로 인해 목표를 뚜렷이 하고, 사업을 발전시키고 유지할 수 있는 분명한 길로 나아가야 한다.

:: 목적을 유지하라

애리조나의 플래그스태프에 있는 종묘장은 다음과 같은 목적을 가지고 있다. "애리조나 북부 지역에 맞는 토종 묘목을 개발하여 고객들이 토지의 질을 높이고 자산을 늘리는데 일조하는 것." 이런 분명한 목적을 가지고 있기 때문에 종묘장은 자기만의 길을 갈 수 있었다. 때로는 토종이 아닌 꽃이나 나무를 키우고 싶은 유혹을 받기도 했지만, 그러한 상품은 자신의 본래 목적에서 벗어나는 것임을 재빨리 깨달았다.

사업에 대한 비전을 고객에게 잘 전달하는 것 또한 중요하다. 예를 들어 이 종묘장은 애리조나에서 가장 광범위하게 재배되고 있는 토종 작물을 제공하고 있다는 사실을 모든 매체를 통해 광고하고 있다. 그들이 공급하는 작물은 물을 적게 주어도 괜찮고 추운 겨울과 뜨거운 햇볕, 주기적인 가뭄이라는 애리조나의 기후를 잘 견딜 수 있다고 광고한다. 그 결과 이 지역에 맞는 묘목을 찾는 고객들은 가장 먼저 이곳을 찾아온다.

분명한 비전을 가지고 있기 때문에, 일하는 직원들과 고객들은 모두 이 종묘장이 가장 잘 할 수 있는 일, 즉 가장 적당한 토종 작물을 제공하는 일에 초점을 맞춘다. 그 지역의 다른 종묘장에는 토종 작물을 재배할 만한 경험이나 공간이 없다. 그래서 그런 종묘장은 도매업자에게 묘목을 구입하는데 이곳 기후에 맞지 않는 묘목일 때도 있다.

목적대로 행할 때, 사업주, 직원, 고객들은 이 사업에서 무엇을 기대할 수 있는지를 알게 된다. 그 기대하는 바는 그 기업이 할 수 있는 일과 일치한다.

:: 목적을 벗어나는 것

자신의 목적에 집중하지 않으면 많은 심적 고통을 겪을 수 있고 금전적으로도 막대한 손실을 입을 수 있다.

IBM은 컴퓨터 산업에만 집중하지 않고 전자통신 분야로 사업을 확장하기로 결정했다. IBM은 유럽에서 PBX와의 공동사업으로 수백만 달러의 손실을 입었다. 그리고나서 MCI 주식을 사들임으로서 또 다른 타격을 입었다(MCI 주식이 오르기 전에 그 주식을 손해 보고 팔았다). 그리고나서 IBM은 Mitel과의 공동사업으로 또 손실을 입었다. 마지막으로, IBM은 Rolm사(社)에 대한 투자로 10억 달러 이상의 손실을 입었다. IBM은 컴퓨터 시스템과 관련해서 혁신하고, 생산하고, 서비스한다는 원래 목적을 잊고 있었던 것이다.

열심히 일하라 ⋯ 마지막 단계

열정적인 기도, 꿈이나 비전을 개발하는 것, 하나님의 축복을 믿는 것을 좋아하는 사람들이 많다. 꿈을 꾸는 것은 쉽다. 그러나 성공하기 위해서는 또 하나의 과정이 필요하다. 야고보서 2장 17절은 "이와 같이 행함이 없는 믿음은 그 자체가 죽은 것이라"고 말씀한다. 다시 말해서, 우리는 믿음을 가지는 것과 더불어 성실하게 열심히 일해야 한다. 우리는 기꺼이 대가를 지불해야 한다.

대부분의 경우 우리의 비전은 하룻밤 새에 이루어지는 것이 아니라 오랜 시간이 필요하다. 오랜 기간 헌신하고 지속적인 열심을 가지고 자신의 목적에 집중할 때, 마치 화가처럼 우리가 원하는 최종 목적을 이루게 될 것이다.

하나님은 우리가 성공하기를 원하신다. 하나님은 우리의 삶을 위한 계획을 가지고 계시며, 그 계획은 악한 것이 아니라 선한 것이다. 하나님이 우리의 삶을 위해 계획해 놓으신 모든 것이 이루어지도록, 하나님은 우리가 하나님의 뜻을 구하고, 하나님의 타이밍을 이해하고, 열정적으로 행하며, 분명하고 확고한 목적의식을 가지고, 하나님의 능력으로 강해지기를 원하신다.

이제 여러분이 사업을 시작하고자 한다면, 처음 시작할 때부터 하나님께서 정해주신 순서를 따라 행하는 것이 도움이 될 것이다. 이러한 원리를 몰랐거나 아니면 그 원리에 순종하지 않아서 이미 실패를 경험했다면, 하나님께서는 여러분을 그 과거로부터 구원하기를 원하신다는 사실을 확신하기 바란다. 하나님은 은혜로우시며, 사랑으로 충만하시며, 새 생명을 주시며, 새롭게 시작할 수 있도록 도와주시는 분이다.

생각하기

✽ 자신의 모퉁이 돌을 선택했는가?

✽ 기도하면서 목적선언문을 작성했는가?

✽ 이러한 일은 다음 단계를 시작하기 전에 결정해야 하는 중요한 사항이다.

해야 할 일

1. 목적선언문을 기록해보라. 왜 이 사업을 해야 하는지를 설명해야 한다.

2. 목적선언문에 자신이 잘 할 수 있는 일을 기록했는가?

신호등

멈추라 : 아직 목적선언문을 기록하지 못했다.

기다리라 : 목적이 있기는 하지만, 다른 사람들보다 내가 더 잘 할 수 있는 일이 무엇인지 확신할 수 없다.

진행하라 : 나는 이 사업을 해야 하는 이유와 내가 잘 할 수 있는 일을 기록한 목적선언문을 작성하였다.

2장

모퉁이 돌을 **놓으라**

아담은 자동차 정비소를 열고 싶었다. 아담은 자동차 판매 대리점과 자동차 정비업체에서 15년간 일한 경험이 있었다. 아담은 자기 사업을 시작하는 문제로 기도하고 계획을 세우기 시작했다. 아담은 분명한 목적을 가지고 있었다. 그 도시에서 고성능 경주용 자동차에 대해 최고의 정비사가 되는 것이었다.

아담은 재정적인 계획을 세웠다. 계산해보니 사업을 시작하기 위해서는 8만 달러가 필요했다. 아담에게는 저축한 돈 25,000달러와 아내인 엠마와의 공동소유인 집이 있었다. 이 집은 22만 달러의 가치가 있어서 처음에 155,000달러의 융자를 받았다. 아담은 집을 담보로 해서 85,000달러를 더 빌릴 수 있다고 생각했다. 두 번째로 110퍼센트의 융자를 받고 25,000달러의 저금을 더하여 총 11만 달러를 확보한 셈이다. 아담이 생각하기에 사업을 시작하기에 충분한 돈이었다.

아담은 정비소 자리를 알아보았고 약간의 보수작업이 필요하고 시의 승인을 받아야 하는 지역이었지만 매우 좋은 위치에 있는 한 건물을 정했다. 아담은 그 건물을 임대하기로 하고, 집주인에게 건물에 대한 보수공사를 요청했다.

그러나 아내인 엠마는 빚을 지고 집에 대한 담보 금액이 늘어나는 것에 마음이 편하지 않았다. 엠마와 아담은 계속해서 하나님의 뜻을 구하면서 기도했다. 그러는 동안에도, 아담은 사업을 준비하면서 직장에 계속 다니고 있었다.

아담은 교회에서 카터를 만났는데, 카터는 성공적인 기업가였다. 카터는 아담의 사업 계획을 검토하고 경험에서 비롯된 몇 가지 조언을 해주었다. 카터는 아담이 가지고 있는 자금이 4개월 안에 바닥이 나서 사업을 경영하는데 어려움을 겪게 되지 않을까 염려했다.

아담이 카터의 조언과 엠마의 염려에 대해 깊이 생각하고 있을 때, 시의 도시계획 위원회가 예외를 인정하지 않기 때문에 아담에게 그 빌딩을 정비소로 임대해 줄 수 없다는 내용을 집주인이 전화로 알려주었다. 아담은 계속해서 일을 추진할 수도 있었지만, 도시계획 위원회의 거절과 엠마의 불안, 카터의 조언을 고려하여, 당분간은 이 계획을 중단하는 것이 하나님의 뜻이라고 생각했다.

9개월 후에, 아담의 삼촌이 돌아가시면서 아담에게 75,000달러의 유산을 남기셨는데 이 돈은 6개월 안에 받을 수 있었다. 아담이 그 소식을 들을 즈음에, 아담이 일하고 있는 가게 주인이 은퇴하면서 가게를 팔고 싶다고 말했다. 그러면서 아담에게 이 가게에 관심이 있는지를 물었다. 가격은 장비를 포함해서 모두 15만 달러였다.

이때까지, 아담과 엠마는 이전 저축액에 15,000달러를 더 저금하고 있었다. 상속받은 재산을 더해서 그들은 전부 115,000달러를 갖게 되었다. 주인은 가격을 낮추어 10만 달러를 우선 주고 나머지 5만 달러는 2년간에 걸쳐 지불하라고 했다.

지금 운영 중인 정비소는 이미 수익을 내고 있었기 때문에, 현금을 쓸 필요가 없었다. 아무것도 없는 상태에서 시작하려고 했던 처음 계획대로라면 그렇게 할 수 없었을 것이다. 또 집을 담보로 또 한 번의 대출을 받을 필요도 없었다. 엠마는 기뻐했고, 카터도 새로운 계획을 지지해주었다.

아담은 85,000달러의 빚을 지는 대신 나중에 갚기로 한 5만 달러를 제외하고 긍정적인 자금 흐름을 가진 안정된 사업체를 얻을 수 있었다. 15개월 후에 아담과 엠마는 모든 값을 지불하고 그들의 정비소를 소유하게 되었다.

첫 번째 계획대로 진행했다면, 아담과 엠마는 사업에서 실패하고 집까지 잃었을지도 모른다. 하나님은 이미 계획을 가지고 계셨다. 아담의 행복을 위한 계획, 최상의 이익을 얻을 수 있는 계획을 가지고 계셨다. 그리고 아담은 하나님의 완전한 타이밍을 기다림으로써 하나님이 주시는 축복을 받았다.

하나님의 과정

하나님은 과정을 정해놓으셨는데, 그것은 세상에서의 모든 일에 대한 거룩한 과정이다. "그러므로 주 여호와께서 가라사대 보라 내가 한 돌을 시온에 두어 기초를 삼았노니 곧 시험한 돌이요 귀하고 견고한 기초돌이라 그것을 믿는 자는 급절하게 되지 아니하리로다"(사 28:16).

우리가 하나님의 계획을 따를 때, 하나님께서는 하나님의 온전하신 뜻을 이룰 수 있도록 우리를 인도해 주신다. 그 과정에는 아래 사항이 포함된다.

1. 하나님과 올바른 관계를 맺는 것
2. 하나님의 섭리에 민감해지는 것
3. 성령님의 음성에 귀를 기울이는 것
4. 하나님의 말씀을 인도자로 삼는 것
5. 하나님의 시간 계획표에 따라 움직이는 것
6. 하나님과 협력하는 것
7. 지혜로운 조언을 듣는 것

:: 하나님과의 올바른 관계

우리의 가장 중요한 첫 번째 의무는 우리가 행하는 모든 일에서 하나님을 영광스럽게 하는 것이다. 바울은 고린도전서 10장 31절에서 확고하게 말씀했다. "그런즉 너희가 먹든지 마시든지 무엇을 하든지 다 하나님의 영광을 위하여 하라"(고전 10:31). 예수님께서는 "너희는 먼저 그의 나라와 그의 의를 구하라 그리하면 이 모든 것을 너희에게 더하시리라"(마 6:33)고 가르치셨다.

하나님과의 관계를 견고한 기초로 삼아야 한다.
우리 삶에서 고백하지 않은 죄가 있다면 우리의 노력에
하나님과 성령의 능력이 임하지 못할 것이다.

우리의 제1 우선순위가 단순히 사업에서 성공하는 것이라면, 하나님은 우리를 축복하실 수 없다. 우리는 가장 먼저 영원한 관계에 초점을 맞추어야 한다. 하나님과의 관계를 확신할 수 없다면, 이 책의 301쪽에 있는 "하나님과 올바른 관계를 맺고 있는가?" 부분을 먼저 읽어 보기 바란다.

:: 하나님의 섭리

우리는 자신의 열정을 따라 일을 추진하고 자기 뜻대로 하고 싶어

한다. 우리는 좋은 일이나 숭고한 노력은 하나님의 온전하신 뜻이 틀림없다고 믿는다. 그러나 항상 그런 것은 아니다. 예를 들어, 사도 바울이 선교여행을 다니고 있었을 때 성령께서는 바울이 아시아에서 말씀을 전하지 못하게 하시고 대신 비두니아 방향으로 가도록 인도하셨다(사도행전 16장 6~7절을 보라). 후에 바울은 마게도냐로 가라는 성령님의 분명한 비전을 받는다(사도행전 16장 9~10절을 보라).

왜 어떤 지역에서는 바울에게 복음을 전하지 않도록 하셨는지에 대해서는 알 수 없다. 그러나 하나님은 바울에 대해 계획을 가지고 계셨고 한쪽 문을 닫으시면서 다른 쪽 문을 열어주셨다.

∷ 성령님

예수님께서는 우리를 홀로 두지 않으신다고 약속하셨다. 우리에게 보혜사를 보내주신다고 말씀하셨다. "보혜사 곧 아버지께서 내 이름으로 보내실 성령 그가 너희에게 모든 것을 가르치시고 내가 너희에게 말한 모든 것을 생각나게 하시리라"(요 14:26).

사도 바울도 이 보혜사에 대해 언급했다. "오직 하나님이 성령으로 이것을 우리에게 보이셨으니 성령은 모든 것 곧 하나님의 깊은 것이라도 통달하시느니라"(고전 2:10). 예수님께서 성령님을 돕는 분(helper)으로 말씀하셨기 때문에, 우리는 사업을 시작할 때나 다른 어떤 일을 하든 지간에 보혜사의 도우심을 구하고 그분의 말씀을 들어야 한다.

:: 하나님의 말씀

성경에는 우리 삶의 모든 영역에 대한 지침이 기록되어 있다. 하나님께서는 이사야를 통해 말씀하신다. "내 입에서 나가는 말도 헛되이 내게로 돌아오지 아니하고 나의 뜻을 이루며 나의 명하여 보낸 일에 형통하리라"(사 55:11).

우리는 일을 진행하면서, 우리가 밟고 있는 모든 단계를 하나님의 말씀에 비추어 평가하고 하나님의 인도하심을 구해야 한다. 우리의 생각, 방향, 또는 행동이 하나님의 말씀에 맞지 않는 것을 깨달을 때마다 일을 중단하고 우리의 상황을 다시 검토해야 한다.

진리는 우리가 어떤 한 부분으로만 하나님께 영광을 돌릴 수는 없다는 것이다. 우리는 모든 일에서 하나님을 높여야 한다. 명백하게 불법인 사업도 있는 반면에, 합법적일 수는 있어도 하나님을 욕되게 하는 사업도 있다. 한 예로 음란물을 판매하는 서점을 들 수 있다. 어떤 프랜차이즈 본사는 체인점에 포르노 잡지를 진열할 것을 요구하기도 한다. 만약 당신이 하나님의 도우심과 축복을 구한다면, 이런 체인점을 선택하는 것은 옳지 못한 일이다.

사도 바울은 우리에게 경고한다. "너희가 순종하는 자식처럼 이전 알지 못할 때에 좇던 너희 사욕을 본 삼지 말고 오직 너희를 부르신 거룩한 자처럼 너희도 모든 행실에 거룩한 자가 되라"(벧전 1:14~15).

한 중고차 거래소 사장이 모든 고객에게 온전히 정직했다면 아마

 그리스도인의 성공 로드맵

사업이 망했을 것이라고 말한 적이 있다. 고객을 속이면서 하나님의 말씀을 어겨야만 그 사업을 계속할 수 있다면, 그 사업은 하나님을 욕되게 할 뿐이다. 그렇다면 그 사업은 중단해야 한다.

:: 하나님의 시간계획

우리는 종종 "타이밍이 가장 중요하다"라고 말한다. 그리고 하나님의 말씀도 분명히 이를 뒷받침한다. 하박국 선지자는 이렇게 기록했다. "이 묵시는 정한 때가 있나니 그 종말이 속히 이르겠고 결코 거짓되지 아니하리라 비록 더딜지라도 기다리라 지체되지 않고 정녕 응하리라"(합 2:3).

하나님의 시간계획을 분별하고 신뢰하기 위해서 인내하면서 기다리면, 불필요한 좌절과 실패를 겪지 않을 것이다.

아담과 엠마가 순종하는 법을 배우고 있었을 때, 하나님은 아담에게 자동차 정비소를 주시려는 계획을 가지고 계셨다. 하나님은 선한 의도로 그 계획을 지연시키셨고, 그 결과는 놀라운 축복이었다.

:: 하나님과의 협력

우리는 모든 일을 우리 힘으로만 하지 않아도 된다. 하나님은 모든 일에 우리의 전적인 자원이 되기를 원하신다. 솔로몬 왕은 이렇게 기록했다. "여호와께서 집을 세우지 아니하시면 세우는 자의 수고가 헛되며 여호와께서 성을 지키지 아니하시면 파숫군의 경성함이 허사로다"(시 127:1).

하나님을 우리의 '상임 동역자'(senior partner)로 모셔 들일 때 우리의 수고는 헛되지 않을 것이다.

:: 지혜로운 조언을 듣는 것

어떤 사업이든 가장 중요한 단계 중 하나는 다른 사람의 지혜로운 조언을 듣고, 그 조언을 활용하고, 그대로 실천하는 것이다.

성경은 조언의 필요성을 분명하게 말씀하고 있다. "도략이 없으면 백성이 망하여도 모사(counselors)가 많으면 평안을 누리느니라"(잠 11:14). "의논이 없으면 경영이 파하고 모사가 많으면 경영이 성립하느니라"(잠 15:22).

우리들은 보통 조언을 듣고 그 조언대로 하기를 싫어한다. 그러나 솔로몬 왕은 이렇게 가르친다. "미련한 자는 자기 행위를 바른 줄로 여기나 지혜로운 자는 권고를 듣느니라"(잠 12:15).

우리는 다른 사람의 조언을 구하고 기다리면서 조급해질 수 있다. 항상 그렇듯이, 조언을 구하면 조언자가 우리에게 질문을 던지게 되는데, 대개는 대답하기 어려운 힘든 질문을 받게 된다. 그러나 어려운 질문에 대답하면서 생각하는 과정을 거치게 되고, 그러면서 생각을 명확하게 하고 더 효과적인 계획을 세우는데 도움이 된다.

우리는 인간이기 때문에 반항하고 싶은 속성을 가지고 있다. 하나님은 이사야에게 말씀하셨다. "내가 종일 손을 펴서 자기 생각을 좇아 불선한 길을 행하는 패역한 백성들을 불렀나니"(사 65:2).

또 성공에 대한 본능적인 욕구를 생각해보면, 특히 사업가들은 자기 자신의 방법을 고집하려는 경향이 있다. 우리는 자신의 욕구와 하나님이 주시는 조언을 활용하는 지혜 사이에 균형을 유지해야 한다.

신뢰할 수 있는 조언자

모든 조언자가 다 똑같지는 않다. 그래서 조언을 구할 때는 주의해야 한다. 조언자를 선택할 때 첫 번째 자격조건은 분명하다. 그것은 신앙심(godliness)이다. 다윗은 이렇게 기록했다. "의인의 입은 지혜를 말하고 그 혀는 공의를 이르며 그 마음에는 하나님의 법이 있으니 그 걸음에 실족함이 없으리로다"(시 37:30~31).

하나님과 동행하는 모습이 삶에 분명히 나타나고 있는 사람들을 택하여 그들에게 조언을 구하라. 아래의 조언자들을 생각해보고, 구체적인 상황에서 조언을 구할 수 있는 사람이 누구인지 생각해보라.

:: 배우자의 조언

결혼한 사람이라면, 가장 중요한 조언자는 배우자이다. 남편이나 아내, 혹은 두 사람이 같이 사업을 시작할 경우에도, 배우자는 가장 좋은 조언자이다.

하나님이 우리들에게 분명하고 직접적으로 말씀하실 때 배우자를 그 통로로 사용하시는 경우가 많이 있다. 특히 아내들은 사업과 관련된 훈련이나 지식의 많고 적음에 상관없이, 초자연적으로 정확한 감각을 선천적으로 가지는 경향이 있다. 배우자의 조언을 무시하는 행동을 하고 위험을 초래하여 배우자를 불안하게 만드는 사람은 대개 큰 불행을 자초하게 된다.

배우자에게 충고와 조언을 구하는 것은 존중하고 존경하고 있음을 표현하는 방법이기도 하다. "나는 당신을 사랑합니다. 당신의 도움이 필요합니다"라고 말하는 것이다. 더 나아가 함께 결정을 내리게 되면, 사업을 하면서 어려운 시기를 겪을 때도 관계를 유지하는데 도움이 될 것이다.

사업이 어려울 때도, 함께 내린 결정이기 때문에 관계는 계속해서 유지될 것이다. 만약 남편이나 아내가 일방적인 결정을 내린다면, 다른 한쪽은 자신이 '이방인'인 것처럼 느낄 수도 있고 결국에는 화를 내게 될지도 모른다.

하나님께서 아담을 위해 하와를 아내와 돕는 배필로 지으신 것처럼

그리스도인의 **성공 로드맵**

(창 2:18), 어떤 사업을 하든지 우리의 배우자는 훼방꾼이 아닌 돕는 자로 계획된 것이다. 야곱은 장인의 집을 떠나기로 생각하면서 결정을 내리기 전에 아내들과 의논했다(창 31:4~16).

배우자의 동의 없이 일을 추진하는 것은 지혜롭지 못하고 하나님의 말씀에 어긋나는 일이다. 배우자의 동의와 합의를 얻기 전까지는 사업을 절대로 시작하지 않겠다고 결심하라.

:: 가족의 조언

당신을 잘 아는 가족 구성원에게 조언을 구하는 것은 확실히 성공할 수 있는 한 가지 방법이다. 그들은 여러 다양한 삶의 환경 속에서 당신이 어떻게 행동하는지를 보아왔으며, 따라서 당신의 장·단점에 대해 귀한 조언을 해줄 수 있다.

분명하게 말하지만, 판단을 잘 해야 한다. 가족 구성원 모두가 당신에게 지혜로운 조언을 해줄 수 있는 것은 아니다. 조언자를 잘 선택해야 한다. 솔로몬 왕은 이렇게 가르쳤다. **"내 아들아 네 아비의 명령을 지키며"**(잠 6:20 상). 사업에 대해 가족들과 철저하게 토론하면서 크게 도움이 되는 통찰력을 얻을 수 있는데, 다만 가족 구성원들이 솔직하게 말할 수 있도록 허용해주고 방어적인 자세를 갖지 않도록 한다.

사업을 계획하고, 그 사업에서 성공하는데 필요한 강점이 무엇인지를 확인하려고 할 때, 가족의 의견을 구하는 것이 가장 좋은 방법이다.

그러나 가족 구성원들이 배우자 이상으로 큰 영향력을 행사하지 않도록 하라.

:: 친구들의 조언

당신을 아주 잘 알고 있는 한 명 이상의 친한 친구들이 있다면, 그 친구들을 조언자로 삼을 수 있다. 조언자로 삼을 때는, 그 친구들이 자신의 일을 결정할 때도 대체적으로 지혜롭고 성공하는지를 확인해야 한다. 솔로몬 왕도 조언자를 올바로 선택해야 한다고 강조했다. "지혜로운 자와 동행하면 지혜를 얻고 미련한 자와 사귀면 해를 받느니라"(잠 13:20).

돈(Don)은 훌륭한 소프트웨어 엔지니어였다. 그의 일솜씨는 탁월하다고 인정받았고, 고용주는 그를 우수하게 평가해서 연봉도 올려주었다. 돈은 자기 사업을 하고 싶은 열망이 있었고, 자기를 도와줄 수 있는 소수의 전문가 팀을 구성할 계획도 세웠다. 돈은 자기가 사업을 시작하면 고객들은 자연히 모여들 것이라는 강한 확신이 있었다.

돈이 뛰어나고 창조적인 소프트웨어 엔지니어인 것은 사실이었지만, 커뮤니케이션 능력까지 뛰어난 것은 아니었다. 돈과 가까운 사람들은 그 점을 알고 있었고, 그것이 바로 커뮤니케이션 분야에서 돈의 부족한 부분을 채워줄 수 있는 동료를 고용해야 하는 이유였다.

돈의 아내와 가까운 친구들은 돈이 커뮤니케이션 기술이 부족하기

 그리스도인의 **성공 로드맵**

때문에 사업을 잘 할 수 없을 것이라고 염려했다. 그러나 돈은 아내와 친구들의 충고를 무시하고 사업을 시작해버렸다.

10개월 후에, 돈은 4만 달러의 손실을 입은 채 사업을 정리하고 다시 소프트웨어 개발 회사에 취직해야 했다. 돈이 가족과 친구들의 조언에 귀를 기울였다면 자신과 가족, 친구들 모든 큰 슬픔과 고통을 겪지 않았을 것이다.

돈의 아내와 친구들이 사업에 대해 돈(Don)보다 더 많은 경험을 가지고 있었던 것은 아니다. 소프트웨어 개발에 대해서는 돈이 알고 있는 것의 10퍼센트도 알지 못했지만 그들은 돈 자신에 대해서 잘 알고 있었고, 그것이 바로 문제해결을 위한 중요한 열쇠였다.

:: 사업상 동료의 조언

현재 당신이 관심을 가지고 있는 분야에서 이미 사업을 하고 있는 사람들의 지혜와 조언을 들을 수 있다면, 효과적이고 시기적절한 도움을 받을 수 있다. 일반적인 사업 경험을 가지고 있는 사람도 도움이 될 수 있지만, 구체적인 경험을 가지고 있는 사람들의 조언을 듣는 것이 이상적이다.

당신의 비전과 전반적인 계획을 설명하고, 정보와 안내를 부탁하라. 그들이 그저 예의를 갖추고 당신의 계획을 '칭찬해' 주기만을 바라는 것이 아님을 분명히 전달하라. 진지한 피드백(feedback)과 조언을 들고 싶다고 말해야 한다.

:: 변호사의 조언

오늘날처럼 소송하기 좋아하는 사회에서는, 그리고 어떤 사업체를 운영하건 법률적인 조치가 필요한 사회에서는, 법률적인 조언은 모든 사업가에게 필수사항이다. 사업 구조가 간단하고 특별한 문제가 없다 해도, 변호사와 교류하는 일은 매우 중요하다.

예를 들어, 변호사는 계약서를 읽어보고 당신이 단서조항을 이해하고 있는지를 확인해 줄 수 있다. 또한 당신이 소송을 당하거나 다른 법적인 문제에 부딪치게 될 때, 이미 교류하고 있는 변호사가 있다면, 조언을 얻기 위해 마지막 순간에 성급하게 서두르거나 필요한 조언을 듣지 못해 잘못된 판단을 내리는 일은 없을 것이다.

주의사항 : 전문적인 조언가를 고용할 때는, 신원을 조회하고 확인하라.

:: 은행 관계자의 조언

단지 예금 계좌만 가지고 있다고 해도, 또 아무리 작은 사업체라고 해도 은행과의 관계는 필수적이다. 은행 관계자와 만날 약속을 해서 당신의 사업을 설명하고 당신이 어떤 서비스를 받고 싶은지를 이야기

  그리스도인의 **성공 로드맵**

하는 것부터 시작하라.

일반적으로, (개인이든 사업체든) 한 은행과 거래를 많이 할수록 중요한 고객이 될 수 있고 사업을 운영하는데 도움이 되는 유용한 관리를 받을 수 있다. 더욱이 은행 담당자는 사업상 시간과 돈을 절약할 수 있는 좋은 서비스를 제공해 줄 것이다. 은행에는 대부분 소규모 사업체를 위한 특별한 상품이 있다. 시간을 가지고 여러 은행을 둘러보면서 당신이 이용할 수 있는 가장 좋은 거래조건과 개인적인 인간관계를 찾아보라.

:: 보험 담당자의 조언

기업투자를 보호하기 위해서 모든 사업체에는 보험이 필요하다. 유능한 보험회사라면 당신이 지불할 수 있는 비용으로 당신의 필요에 맞는 보상범위를 찾도록 도와줄 수 있다. 자동차 보험을 위해서는 인터넷을 검색하는 것도 좋은 방법일 수 있지만, 종합적인 기업 보험을 위해서는 보험회사 직원을 직접 만나는 것이 가장 좋다.

보험 담당자는 절도와 화재 등으로부터 재산을 보호할 수 있는 가장 좋은 방법에 대해 조언해 줄 수 있기 때문에, 자산을 보호하고 재정적인 위험을 줄이는데 도움이 된다. 또한 보험회사 직원은 회사의 구체적인 상품이나 서비스를 안전하게 보호할 수 있는 책임 보험에 대해서도 제안해 줄 것이다.

:: '특별한 필요'에 따른 사람들의 조언

전문분야가 무엇인가에 따라, 때로는 '특별한 필요'에 따라 사람들의 도움이 필요할 것이다. 예를 들면, 독자적인 광고 대행사를 개업하려고 한다면 경험이 많은 광고계 베테랑이 큰 도움을 줄 수 있다.

캐롤(Carole)은 20년간의 회사생활을 성공적으로 마친 후 〈인적 자원 컨설팅 회사〉를 개업하려고 했다. 같은 회사의 지부를 이미 다른 도시에서 개업한 사람들에게서 광고에 대한 조언을 들음으로써, 캐롤은 개인 명의의 회사를 세우는데 도움이 되는 귀중한 정보를 얻을 수 있었다.

그리스도인의 **성공 로드맵**

✱ 다른 사람에게 지혜로운 조언을 구하는 것은 분명히 성경적인 원리이며 명령이기까지 하다. 반면에 일을 하면서 항상 하나님을 가장 중요한 조언자로 삼아야 한다.

✱ 하나님께서는 "내가 너의 갈 길을 가르쳐 보이고 너를 주목하여 훈계하리로다"(시 32:8)라고 약속하셨다.

 해야 할 일

1. 조언자들의 목록을 작성하라.

2. 개별적으로 만나서 그들이 기꺼이 그 역할을 감당해줄 생각이 있는지를 확인하라.

3. 1단계부터 7단계까지를 기록하고 하나님께서 각 단계별로 어떻게
   인도하시는지를 기록하라.

 신호등

멈추라 : 나에게는 조언자가 없다.

기다리라 : 가능성 있는 조언자들을 정하기는 했지만, 아직 도움을 요청하
지는 않았다.

진행하라 : 나는 조언자들을 정했고, 그들은 나를 도와주기로 동의했다.

그리스도인의 **성공 로드맵**

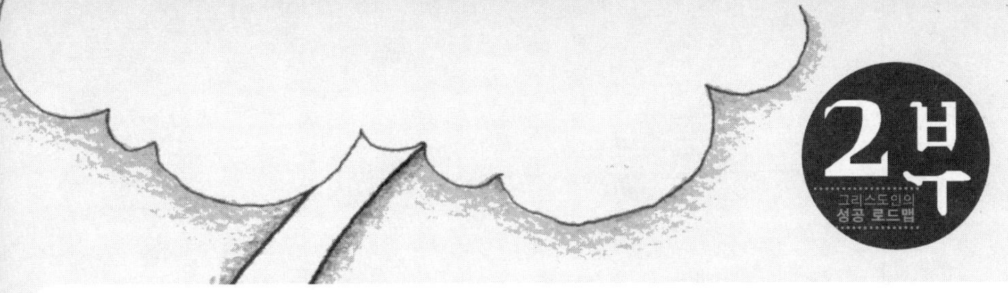

3장 자신을 평가하라
4장 경쟁상대를 평가하라

2부

그리스도인의
성공 로드맵

자신의 선택을 평가하기

Roadmap to Success

자신을 **평가하라**

자기 자신을 평가해보면, 지금 이 시점에서 사업을 시작하는 것이 옳은 결정인지를 판단하는데 도움이 된다. 2부에서 논의하게 될 평가 목록은 자신이 얼마나 준비되었는가를 정직하고 신중하게 평가하기 위한 것이다.

기도로 자신의 계획을 하나님께 올려드리는 것으로 평가의 과정을 시작하라. 자신의 꿈에 대한 소유권을 하나님 앞에 내려놓으면서, 하나님이 허락하시든지, 거절하시든지, 아니면 기다리라고 말씀하시든지 그 응답에 대해 준비하라. 당신이 먼저 문을 박차고 나가기보다는 그 문을 열고 닫는 것을 하나님께 맡겨드릴 때, 성공 가능성은 크게 높아진다.

사업을 시작하는 일에 대한 열정에 사로잡혀 정당한 평가의 과정을 무시한다면, 결국에는 기쁨이 아닌 고통을 맛보게 될 것이다. 시편 기자는 "여호와께서 집을 세우지 아니하시면 세우는 자의 수고가 헛되며"(시

127:1)라고 말씀한다. 이 말씀은 집을 세우는 것뿐만 아니라 사업을 할 때도 적용되는 말씀이다.

평가: 배우자와 가족에 대한 문제

새로운 사업을 시작하는 일은 시간과 에너지를 투자하고 집중해야 하는 도전적인 과제이다. 그리고 가족의 전적인 지원이 있어야 한다. 때때로, 사업을 시작하려는 열정 때문에 가족 관계의 중요성을 간과하는 경우가 있다. 그러나 하나님께서는 우리의 제1 우선순위는 하나님이며(마 6:33), 그 다음이 가족(딤전 5:8), 마지막으로 우리의 일이나 사업(전 3:13)이 되어야 한다고 분명하게 말씀하신다.

가족의 전적인 투자와 후원은 사업이 성공하기 위한 핵심적인 부분이다. 모든 가족은 당신과 함께 일하든지 아니면 후원하든지, 어떤 식으로든 새로운 사업에 관여하게 될 것이다. 결혼한 사람이라면, 가장 충성스러운 후원자는 그 사람의 배우자가 될 것이다.

가족으로서 감당해야 할 대가를 미리 생각하는 것은 평가의 과정에서 중요한 단계이다. 자신의 계획을 추진하면서 가족들이 따라올 수 있도록 하고, 당신이 무슨 생각을 하고 있는지를 말해주어야 한다. 무엇보다도, 갑자기 놀라게 하는 일은 없어야 한다.

결혼한 사람이라면, 결혼생활의 만족도를 평가해보라. 자신을 평가해보고, 1점에서 10점까지 정직하게 점수를 매겨보라. 아래에 있는 도 표에 점수를 표시하라.

1) 나는 배우자와 의사소통을 얼마나 잘 하고 있는가

나의 하루, 계획, 지출내역, 꿈 등에 대해 계속 이야기하면서 배우자와 시간을 보내는가? (사업은 한 사람이 맡아서 운영한다 해도, 무슨 일이 진행되고 있는지에 대해서 어느 정도는 배우자가 알아둘 필요가 있다.)

1 ●——●——●——●——●——●——●——●——● 10

2) 우리는 얼마나 자주 함께 기도하는가

함께 기도하는 것이 배우자에게, 결혼관계에, 가족에게, 그리고 나에게 중요한 일이 되고 있는가? 우리는 함께 큰 소리로 기도할 수 있는가? 우리는 원하는 만큼 함께 기도하고 있는가?

1 ●——●——●——●——●——●——●——●——● 10

3) 우리는 서로 같은 생각을 하고 있는가

내가 무슨 일을 하는지, 또는 하고 싶은 일이 무엇인지를 배우자는 알고 있는가? 사업을 성공적으로 운영하기 위해 재정적으로, 감정적으로, 정신적으로 필요한 것이 무엇인지를 서로 인지하고 있는가? 가장 중요한 부분에 대해 우리는 같은 생각을 하고 있는가?

 그리스도인의 **성공 로드맵**

4) 우리는 재정적인 가치관과 한계를 공유하고 있는가

지출하는 습관, 지출 한도, 돈을 빌리는 문제에 대해 서로 동의하고 있는가? 목표를 이루기 위해 기꺼이 감당해야 할 재정적인 위험에 대해 서로 의논한 적이 있는가? 한 사람이 다른 사람보다 더 큰 재정적인 위험을 기꺼이 감당하려고 하는가? 그리고 위험부담이 없는 상대방은 그 결정사항을 인정하는가?

1 ●————●———●———●———●———●———●———●———●———● 10

5) 한계를 설정했는가

특히 어느 정도의 시간과 돈이 필요한지에 대해 의논했는가? 주 단위로 시간을 얼마나 투자하려고 계획하고 있는가? 우리는 전체적으로 돈을 얼마나 쓸 수 있으며, 또 쓰려고 하는가? 안전장치는 적절한가?

1 ●————●———●———●———●———●———●———●———●———● 10

6) 우리는 함께 충분한 시간을 보내고 있는가

나는 배우자가 데이트를 청해오기를 기다리고 있는가? 방해받지 않는 두 사람만의 시간을 정기적으로 함께 보내고 있는가? (자녀가 있다면, 자녀들 없이 보내는 시간을 의미한다. 가족들이 함께 보내는 시간은 별도이며 그것도 중요하다.)

7) 모든 것을 공개하고 있는가

배우자가 내 사업에 대해 질문할 때 방어적인 태도를 취하지는 않는가? 배우자는 자유롭게 여러 가지 사항을 질문할 수 있는가? (사업은 투명하게 운영해야 하고, 그렇게 할 때 직접적인 유익이 된다.)

8) 우리는 서로를 신뢰하는가

나의 배우자는 나를 믿고 있으며, 나도 내 배우자를 믿고 있는가? 내가 무슨 일을 하든지, 그리고 누가 더 많은 돈을 벌어오는지에 상관없이, 서로를 믿는 것(그것을 말로 표현하라)은 정말 중요하다. 나는 배우자에 대한 믿음을 표현하고 있는가?

1 •——•——•——•——•——•——•——•——•——• 10

9) 서로 얼마나 빨리 용서하는가

문제는 있기 마련이며, 그것은 자연스러운 일이다. 그러나 나는 얼마나 빨리 용서를 구하고 있으며 또 용서를 하고 있는가? 부부 싸움을 할 때마다 거실의 소파에서 잠을 자는가? 그렇다면, 잠자리에 들기 전

 그리스도인의 **성공 로드맵**

에 틀린 것을 바로 잡으려고 해보았는가?

1 ●————●————●————●————●————●————●————●————● 10

10) 상대방의 말을 경청하는가

배우자의 아이디어, 생각, 지적, 권유를 잘 듣고 있는가? (지금 하고 있는 말, 암시하고 있는 것, 의도하는 것을 잘 알아듣고 있는가? 상대방이 당신의 말을 잘 들어주기를 바라는 만큼 당신도 잘 들어주어야 한다.)

1 ●————●————●————●————●————●————●————●————● 10

당신의 평균 점수는 몇 점인가? 잠깐 동안의 조사를 통해 당신의 결혼생활에 노력이 필요하다는 결과를 얻었다면, 새로운 사업을 시작하기 전에 먼저 부부관계를 회복하는데 시간과 에너지를 집중하라.

새로운 일을 시작할 때의 흥분과 도전의식이 결혼생활의 문제를 완화시켜줄 것이라고 믿는 사람들이 많이 있다. 그러나 새로운 사업을 시작할 때의 긴장감 때문에 개인생활의 문제는 더 심각해지고 한계점을 넘어설 때도 있다.

평가 : 재정적인 문제

재정적인 '비용을 계산하기' 위해서, 아래 양식에 자신이 가지고 있는 순자산의 목록을 기록하라.

1. 아래 양식에 따라 자신의 자산을 신중하게 평가하라.

자산 (현재 시장 가치)

현재 가지고 있는 현금/당좌예금 ___________

저축 ___________

주식과 채권 ___________

생명보험의 현금 가치 ___________

주화(coins) ___________

주택 ___________

기타 부동산 ___________

융자금/받을 수 있는 어음 ___________

사업 평가액 ___________

자동차 ___________

가구 ___________

보석 ___________

기타 개인 자산 ___________

개인 퇴직금 적립 계정(IRA) ___________

연금/은퇴 계획 ___________

기타 자산 ___________

총자산 : ___________

2. 아래 양식에 따라 당신의 부채를 평가하라.

부채 (현재 빚지고 있는 금액)

현재 청구서 　　　　　　　　　　_______________

신용카드 빚 　　　　　　　　　　_______________

자동차 할부 　　　　　　　　　　_______________

주택 융자 　　　　　　　　　　_______________

기타 부동산 융자 　　　　　　　_______________

친척들에게 개인적으로 진 빛 　_______________

사업 대출 　　　　　　　　　　_______________

교육비 대출 　　　　　　　　　_______________

의료비 청구서 　　　　　　　　_______________

생명보험 대출 　　　　　　　　_______________

은행 대출 　　　　　　　　　　_______________

학자금 대출 　　　　　　　　　_______________

기타 부채 및 대출 　　　　　　_______________

총부채 　　　　　　　　　　**_______________**

3. 재정적인 상황을 알아보기 위해 당신의 부채와 자산을 비교하라.

총자산 　　　_________________________

− 총부채 　　_________________________

= 순자산 　　**_________________________**

순자산을 계산했다면, 사업을 시작하는데 사용할 수 있는 돈이 얼마나 되는지를 알게 되었을 것이다. 대부분의 경우, 사업을 위해서는 어느 정도의 자금 투자가 필요하다. 기업을 인수할 때 신용으로 결재한다고 해도 최소한 30퍼센트의 계약금이 필요하다. 새로운 사업을 시작할 때는 여러 가지 초기 비용이 필요할 뿐만 아니라, 수익을 올리기 전까지 일 년에서 삼 년 정도는 적자를 예상할 수 있어야 한다. 순자산이 마이너스라면, 재정적으로 사업을 시작할 준비가 안 된 것이다.

> 사용가능한 자금의 부족은 사업 초기에 실패하는 첫 번째 이유이다.

사업에 투자할 수 있는 돈이나, 필요한 만큼의 초기 비용을 마련할 수 없을지도 모른다. 사용가능한 자금의 부족은 사업 초기에 실패하는 첫 번째 이유이다. 자금이 부족한 것을 하나님의 응답('거절', 혹은 '기다려라')으로 생각하면, 쉽고 간단하다.

자금이 부족하다면, 우선 시간제 사업으로 시작해 볼 수 있는지 그 가능성을 검토해보라. 그리고 계속해서 계획을 세우고 저축을 하라. 그러나 어떤 사업이든 어느 시점에서는 자금을 투자해야 한다는 것을 기억하라.

자신의 순자산을 계산하는 것과 함께, 개인적인 예산을 알고 있어야 한다. 가족이 생활하는데 한 달 수입으로 어느 정도가 필요한가?
그 액수는 매우 중요하다.

　개인적인 예산을 계산하기 위해 다음 페이지의 표를 활용하라.

한 달 수입 및 지출

1단계 : 총수입을 계산하라 / 월:

- 월급 ___________________
- 이자 ___________________
- 주식 배당금 ___________________
- 기타 ___________________
- 총수입 ___________________

2단계 : 공제하라

- 십일조 ___________________
- 세금 ___________________
- 총공제액 ___________________

3단계 : 총수입에서 공제액을 제외하라

- 사용가능한 순수입 ___________________

4단계 : 총지출을 계산하라

● 주거생활　　　＿＿＿＿＿＿＿＿＿

　・융자금/임대료　＿＿＿＿＿＿＿＿＿

　・보험　　　　　＿＿＿＿＿＿＿＿＿

　・세금　　　　　＿＿＿＿＿＿＿＿＿

　・전기　　　　　＿＿＿＿＿＿＿＿＿

　・가스　　　　　＿＿＿＿＿＿＿＿＿

　・수도　　　　　＿＿＿＿＿＿＿＿＿

　・하수도　　　　＿＿＿＿＿＿＿＿＿

　・전화　　　　　＿＿＿＿＿＿＿＿＿

　・인터넷　　　　＿＿＿＿＿＿＿＿＿

　・보수 및 관리　＿＿＿＿＿＿＿＿＿

　・기타　　　　　＿＿＿＿＿＿＿＿＿

● 식생활　　　　＿＿＿＿＿＿＿＿＿

● 자동차　　　　＿＿＿＿＿＿＿＿＿

　・할부금　　　　＿＿＿＿＿＿＿＿＿

　・가스, 기름　　＿＿＿＿＿＿＿＿＿

　・보험료/면허증　＿＿＿＿＿＿＿＿＿

　・세금　　　　　＿＿＿＿＿＿＿＿＿

　・유지 및 수리비용　＿＿＿＿＿＿＿

● 보험　　　　　＿＿＿＿＿＿＿＿＿

- 생명보험 ________________
- 의료보험 ________________
- 기타 ________________

- **빚** ________________
  - 신용카드 ________________
  - 대출금/어음 ________________
  - 기타 ________________

- **저축** ________________

- **여가생활** ________________
- **외식** ________________
- **베이비 시터** ________________
- **여가활동** ________________
- **휴가** ________________
- **기타** ________________

- **의료비 지출** ________________
  - 일반 병원 ________________
  - 치과 ________________
  - 약 ________________
  - 기타 ________________

●학교/양육비　　　　　　　　__________________

　• 수업료　　　　　　　　__________________

　• 재료비　　　　　　　　__________________

　• 교통비　　　　　　　　__________________

　• 주간 탁아　　　　　　__________________

●기타　　　　　　　　　　__________________

　• 화장품 류　　　　　　__________________

　• 미용/이발　　　　　　__________________

　• 세탁　　　　　　　　　__________________

　• 잡지/신문　　　　　　__________________

　• 용돈　　　　　　　　　__________________

　• 현금　　　　　　　　　__________________

　• 기타　　　　　　　　　__________________

　●투자금액　　　　　　　__________________

　●총지출액　　　　　　　__________________

5단계 : 순수입

　●지출　　　　　　　　　__________________

　●남은 수입　　　　　　__________________

6단계 : 남은 수입을 해당 범주에 기입하라.

____

개인적인 가계 예산을 유지하는 일이 힘들다면, 사업상 예산을 세우고 유지하는 일도 어려울 수 있다.

사업을 시작한 초창기에는 가족 생활비의 일부분을 삭감해야 할지도 모른다. 너무 많은 금액을 삭감하지 않도록 주의하라. 그렇지 않으면 가족들이 큰 어려움을 겪을 수 있다.

중요한 질문 : 만약 사업이 실패한다면 그 결과는 어떠할까? 개인적으로, 재정적으로, 가정적으로.

낙천적인 사업가들은 대부분 실패할 수도 있다는 생각을 하지 않는다. 그러나 사업을 시작하면서 아무리 많은 경험, 기술, 돈을 투자하더라도, 실패할 수 있다는 가능성에 대해 계획을 세워 놓지 않으면 안 된다. 재정적으로 어떤 상황에 있는지, 그리고 가족들과의 관계는 어떠한지를 분명하게 이해하는 것이 그 계획을 세우는데 도움이 될 것이다. 예를 들어, 자녀가 없는 30대 초반의 부부라면, 여섯 명의 어린 자녀가 있는 가장이나 은퇴를 앞두고 있는 사람보다는 더 큰 위험을 감수할 수 있을 것이다.

다음 사항을 확인해보라.

· 당신의 순자산은 얼마인가? 그것을 기록하라. _______________

· 예산안을 가지고 있는가?

· 예산에 맞게 살고 있는가? 아니면 예산을 초과하고 있는가?

· 초과하고 있다면, 그 상황을 바꾸기 위해 할 수 있는 일은 무엇인 가?

평가 : 개인적인 목표

인생에서 개인적인 목표를 세우는 일은 누구에게나 중요하다. 성공적이고 만족스러운 대부분의 기업들은 그 기업가의 개인적인 목표에 거의 도달한 기업들이다. 많은 사람들이 돈을 많이 벌고, 자신의 삶을 향상시키고, 자기가 주인이 되고, 좀 더 창의적이 되고, 은퇴계획을 세우고, 자신만의 시간을 낼 수 있기를 원한다.

자신의 목표를 평가하면서 모든 것이 다 하나님의 것임을 기억하라 (시 24:1). 사업체의 주인이 된다는 것은 하나님의 자산에 대해 청지기직을 수행하는 한 가지 방법일 뿐이다. 더 나아가, 우리는 모든 일에서 하나님께 영광을 돌리도록 부르심을 입었다(고전 10:31). 사업은 그 자체로 목적이 아니며, 그보다는 하나님이 주신 우리의 개인적인 비전을 이루는 수단이다.

사업을 하면서 당신의 삶에서 이루어질 것이라고 믿는 것 상위 세
가지를 기록하라.

       1. _______________________________________

       2. _______________________________________

       3. _______________________________________

예를 들어, 수입이 많아질 것이라고 기대한다면 그것을 기록하라.
여유롭게 가족을 부양할 수 있게 될 것이라면 그것을 기록하라. 사업
을 시작하는 동기가 무엇이든지간에 그것을 기록하면 된다.

맞거나 틀린 답이 있는 것이 아니라 오직 정직한 대답만 있을 뿐이
다. 올바른 동기를 가지고 있으면, 모든 기업체가 필연적으로 겪게 되
는 어려운 시기를 극복하는데 도움이 될 것이다.

중요한 질문 : 사업을 하려는 나의 목적을 다른 방법으로 이룰 수 있
을까? 다른 방법을 택해야 하는 것은 아닐까?

몇 년 전에, 한 여행사를 운영하고 있는 부부가 적자 경영의 문제로
내게 조언을 구했다. 그 부부는 지급 청구서 금액대로 지불하느라 고
군분투하고 있었고, 재정적인 압박 때문에 점점 더 신경이 날카로워
지고 있었다. 나는 그 부부에게 왜 55세의 나이에 여행사를 시작했는

지를 물었다. 그들은 여행과 관련된 일을 좋아해서, 시간제로 여행사를 운영하면서 그들도 저렴한 여행을 즐기고 싶었다고 대답했다. 나는 그들이 여행사 운영을 그만두고 다른 여행사에서 시간제로 일할 수 있도록 도와주었다. 그래서 그 부부는 여행과 관련된 일을 계속하면서, 그들도 여행을 즐기고 자기들의 직접적인 경험을 고객에게 제공해줄 수 있게 되었다. 그 부부는 어렵게 직접 여행사를 운영하지 않고도 쉬운 방법으로 자신이 하고 싶은 일을 이룰 수 있는 방법을 찾게 되었다.

빌의 경우를 보자. 빌은 진기한 주화에 관심이 있어서 그와 관련된 일을 하고 싶어 엔지니어라는 직업을 그만 두는 문제를 진지하게 생각하고 있었다. 빌은 수년간 뛰어난 수집가로 활동했지만, 주화 거래인으로 일하기에는 사업적인 통찰력이 부족했다. 그래서 빌은 자신의 일을 조정해서 계약직 엔지니어로 일하기로 하고 근무 시간을 줄였다. 그리고나서 그 지역의 주화 거래인으로 시간제 일을 시작했다. 다른 수집가들과 교류하면서 주화 시장에 관계하고 싶었던 그의 소원은 이루어졌다. 두 가지 일을 함께 하면서 얻은 수입으로 일정한 자금을 확보할 수 있었고 계속해서 가족들을 부양할 수 있었다.

이 두 가지 사례를 볼 때, 가정 경제에 과도한 부담을 주지 않으면서 자신의 목적을 이룰 수 있는 창조적인 방법은 얼마든지 있다.

사업을 시작하고자 하는 일반적인 동기 중 하나는 '사장(boss)을 해

  그리스도인의 **성공 로드맵**

고하고 싶은 마음' 이다. 아마 당신은 자신의 분야에서 유능한 사람일 것이다. 그리고 만약 사장이 간섭하지만 않으면 생산력이 더 향상되고, 고객에게 더 잘 할 수 있고, 일을 더 효과적으로 할 수 있을 것이라고 생각할 것이다. 그뿐 아니라, 만약 당신이 직접 사업을 한다면, 많은 재산을 모으고, 더 자유롭게 여가를 즐기고, 자신이 옳다고 생각하는 것을 마음대로 하는 등, 경영자로서의 삶을 살고 싶은 자신의 비전을 추구할 수도 있을 것이다.

그러나 그저 '사장을 해고하고 싶은 마음' 을 동기로 삼아 사업을 시작한다면, 얼마 지나지 않아 당신의 주의를 끌려고 시끄럽게 외치는 **수많은** 사장님들이(몇 가지 예만 들어도 고객, 미수금 계정, 채무 계정, 급료 지불 명부, 직업 안전 위생 관리국, 국세청 등) 있다는 것을 깨닫게 될 것이다.

그런 경우에는, 직업을 바꾸거나, 더 많이 배우고, 부업을 해서 소득을 늘리거나, 현재의 취미생활에 더 많은 시간을 투자하거나, 다른 행동을 함으로써 자신의 목적을 이룰 수도 있을 것이다.

만약 월급이 20~30퍼센트 오른다면, 현재의 직업을 유지할 것인지를 스스로에게 물어보라. 그렇다면, 사업을 시작하는 않고도 자신의 뜻을 이룰 수 있는 방법을 생각해보라. 처음으로 직접 사업을 시작해야 하는 위험부담과 스트레스를 떠맡기 전에 현재의 상사(아니면 다른 상사)에게 자신이 더 가치 있는 존재가 되는 것이다. 조언자에게 당신의 동기를 확인해달라고 부탁하라. 그리고 사업을 시작하는 것이 자신의 개인적인 목적을 이루는데 가장 좋은 방법인지에 대해 조언을 부탁하라.

다음 사항을 확인해보라.

· 사업을 시작하고 싶은 분명한 동기를 가지고 있는가?

· 왜 그러한 동기를 가지고 행동하게 되는지, 그 이유는 무엇인가?

· 자신에 대해 평가하고 점수를 내보았는가?

· 조언자가 제시하는 의견을 확인해 보았는가?

· 개인적인 재정 상태를 상세히 기록했는가?

평가 : 개인적인 자질 목록

각 개인은 하나님께서 주신 은사와 달란트를 가지고 있다. 아래 목록의 질문에 답하면서 자신만이 가지고 있는 개인적인 은사의 조합을 평가해보라. 그렇게 하면 자신의 자질이 어떤 사업과 잘 맞는지, 그리고 그 사업에 필요한 능력과 얼마나 맞아떨어지는지를 판단하는데 도움이 될 것이다.

각 질문에 대해 1점에서 10점까지로 자신을 평가해보라(앞으로 되기를 바라는 모습이 아니라 현재의 모습에 점수를 주라). 1점은 해당하는 자질

   그리스도인의 **성공 로드맵**

을 갖추지 못한 것이고 10점은 필요한 자질을 온전히 가지고 있음을 뜻한다. 자신을 정직하게 평가하라.

1) 사업에 대한 열정을 가지고 있는가

시간이 흐르면서, 날이면 날마다 어떤 일이나 사업을 힘들게 하다 보면 흥미가 없어지기 마련이다. 그때가 바로 계속해서 사업에 대한 흥미를 잃지 않도록 하나님이 주시는 열정에 의지해야 할 때이다. 빵집 주인이라면 빵을 반죽하는 일, 반죽이 완전히 끝났을 때의 느낌, 오븐 냄새, 고객들의 미소와 무엇인가를 바랄 때의 표정 등을 좋아해야 한다. 아이스크림 가게 주인이라면 아이스크림을 좋아하고, 유지방 함량과 아이스크림이 '입에 닿을 때의 가장 좋은 느낌'에 관심을 가져야 하고, 아이들(모든 연령대의 사람들)이 진열장을 들여다보며 자기가 좋아하는 맛을 고르면서 즐거워하는 모습을 즐겨야 한다.

사업 계획이 아무리 훌륭해 보여도 열정이 생기지 않는다면, 그만두라. 그 사업이 당신에게 맞는 것이라면, 흥분되고 피가 점점 끓어오르는 것을 느낄 것이다.

1 •——•——•——•——•——•——•——•——•——• 10

2) 그 일과 업종에 대해 잘 알고 있는가

사업을 시작하기 전에 그 일을 이해하게 되면 매우 큰 도움이 된다. 어떤 사업이든 배울 수는 있겠지만, 때로 그 대가는 고통스럽고 값비싼 것일 수 있다. 이 분야에서 자신을 평가할 때, 그 일의 일부분이 아니라 전체에 대한 지식을 생각해보라. 훌륭한 요리사라면 음식 준비, 메뉴, 그리고 주방의 효율성에 대해서는 뛰어난 지식을 가지고 있겠지만, 위치 선정, 메뉴 가격, 식당 경향, 또 가장 좋은 평면도를 결정하는 일에 대해서는 필요한 지식이 없을 수도 있다. 자신이 잘 알지 못하는 분야에 대해서 다른 사람에게 조언을 구하거나 그 분야의 전문가를 고용할 수는 있지만, 계획하고 있는 사업과 업종에 대해 많은 지식을 가지고 있을수록 성공적으로 운영할 수 있을 것이다.

3) 사업의 핵심사항을 이해하고 있는가

이 질문은 2)번 질문과는 다른 측면에 대한 것이다. 사업의 핵심사항을 이해하는 것과 사업을 전체적으로 이해하는 것은 다른 문제이다. 자동차 세차장 주인이라면 위치 선정, 마케팅, 고용, 직원 관리에 대해서는 잘 알고 있을 것이다. 그러나 장비의 기계적인 사항에 대해서는 잘 모를 수 있다. 이 주인은 기계와 관련된 시스템의 세부적인 내

 그리스도인의 **성공 로드맵**

용을 배우거나 아니면 이에 대한 전문적 지식을 가지고 있는 직원이 있는지를 확인해야 한다. 또한 모든 사업은 결국 고객 서비스로 요약된다. 성공적인 사업가라면 그 분야의 핵심사항을 이해해야 한다.

4) 효과적인 인간관계 기술을 가지고 있는가

사업가는 직원들, 제품 제조업자, 서비스 직원, 판매원, 그리고 가장 중요한 존재인 고객들과 효과적으로 의사소통할 수 있어야 한다. 다른 사람들과 잘 지낼 수 있는 능력, 마음으로부터 공감하고 그들의 필요를 이해하는 능력은 매우 중요하다. 인간관계 기술이 어떠한지를 판단할 수 있는 좋은 지표는 다른 사람에 대한 존경을 표현할 줄 알고 그 보답으로 그들의 존경을 받을 수 있는 능력을 가지고 있는가 하는 점이다.

5) 효과적으로 나 자신을 표현하는가

사업가는 사업에 대한 비전을 효과적으로 전달하고, 제품과 서비스를 고객에게 잘 판매할 수 있어야 한다. 제품이나 설비를 주문할 때,

사업가는 필요한 물품이 제 시간에 배달될 수 있도록 판매인에게 정확하게 의사를 전달해야 한다. 능력 있는 지도자는 분명하고 설득력 있는 주장으로 다른 사람들에게 영향력을 미칠 수 있는 능력을 개발하는 사람이다.

6) 다른 사람의 말을 잘 듣는 기술을 가지고 있는가

다른 사람의 말을 들어주되 잘 들어주는 능력이 중요하다. 성공적인 사업가는 고객과 직원들의 말을 잘 듣는 방법을 알고 있다. 때로는 직원들이 비용을 크게 절감하고 혁신할 수 있는 방법을 제시하는 경우도 있다. 고객의 말을 잘 들어주면, 고객의 필요를 만족시키는 일과 관련해서 경쟁업체 보다 유리한 입장에 서게 될 것이다.

7) 일을 자발적으로 추진하는 사람인가

고객과 사업 자체 외에 다른 '상사'(boss)가 없는 상황이라면, 사업가는 성공에 대한 강한 동기와 필요한 목표를 이루려는 내적인 추진력을 가지고 있어야 한다. 조금 일찍 오기보다는 '시간에 겨우 맞춰'

오는 사업가, 사업이 지체되고 있어도 팔짱 끼고 앉아서 기다리기만 하는 사업가, 또는 기본적인 일을 해 나가는 일도 힘겨워하는 사업가는 힘이 들 수밖에 없다. 능력 있는 사업가는 날마다 새로운 모험을 기꺼이 받아들이고, 수영장에서 다이빙하는 아이들처럼 그 일에 과감하게 뛰어든다. 그런 사람이 지도자이다.

1 •——•——•——•——•——•——•——•——•——•——• 10

8) 꾸준하게 일을 끝까지 다하는가

일을 완수한다는 것은 시작한 일을 끝맺는 것이다. 완성된 몇 가지 아이디어가 시행되지 않은 수많은 대단한 아이디어보다 훨씬 낫다. 세계적 수준의 고객 서비스를 위해서는 서로 연결되는 단계적인 일이 필요하다. 예를 들어, 고객의 주문을 받는 일에는 전화를 받는 일, 정확한 정보를 기록하는 일, 제품을 포장하고 배달하는 일, 고객에게 계산서를 보내는 일, 그리고 기한이 되면 수금하는 일 등이 포함된다. 이렇게 연결되어 있는 모든 일을 끝까지 처리하지 못하면, 판매에 실패하고 고객을 잃을 수 있다. 결국에는 모든 것을 잃을 수도 있다.

1 •——•——•——•——•——•——•——•——•——•——• 10

9) 효과적으로 조직하는 기술을 가지고 있으며 사소한 부분에도 주
   의하는가

어떤 사람들은 사소한 일 때문에 괴로운 일을 겪기도 한다. 사업을
할 때 사소한 일을 얼마나 잘 처리하느냐 하는 것으로 성공과 실패가
갈리기도 한다. 어떤 사람들은 책상 위에서 종이와 메모를 찾느라 문
자 그대로 일주일에 몇 시간씩 낭비하기도 한다. 그 시간은 사업을 운
영하는데 더 유용하게 쓸 수 있는 시간이다. 회계, 재고 관리, 그 밖에
사업 운영에 있어서 중요한 분야에서는 사소한 일에까지 엄격하게 주
의를 기울여야 한다. 하나님은 무질서가 아닌 질서의 하나님이며, 우
리가 이 땅에서 감당해야 할 명령 중 하나는 혼돈 속에서 질서를 이끌
어내는 일이다(창 1:28~30). 현재의 직장, 주방, 또는 창고의 모습은 당
신의 조직화 기술이 어떤지를 평가할 수 있는 좋은 기준이 된다.

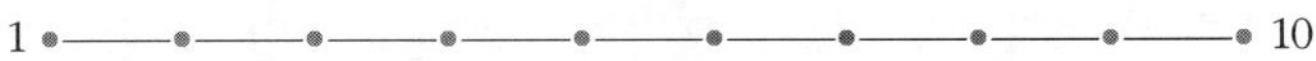

10) 즉각적이고 결단력 있게 결정을 내리고 있는가

결정하는 일은 사업가들이 일상적으로 해야 하는 일이다. 올바르고
시기적절하게 결정을 내리는 능력은 중요한 기술이다. 어떤 사업가들
은 사진을 8장 복사해야 할지 10장 복사해야 할지 등과 같은 사소한
문제로 고민하기도 한다. 중요하지도 않은 일을 결정하느라 시간과

에너지를 낭비한다. 사업가들은 결정하는 일을 편안하게 생각해야 한다. 고객의 반품을 받아들일지, 직원들에게 휴가를 더 주어야 할지, 언제 물건을 주문해야 할지 등에 대해 결정을 내려달라는 요청을 계속해서 받게 될 것이기 때문이다. 더 많은 시간과 정보가 필요하고 조언을 받아야 결정을 내릴 수 있는 사항도 있을 것이다. 그러나 대부분의 경우에는 빠르게 결정할 수 있는 사항이고, 또 그렇게 해야만 한다.

1 ●———●———●———●———●———●———●———●———●———● 10

11) 어떤 상황에서도 개인적인 성실성을 유지하는가

엔론(Enron)부터 아주 작은 식당에 이르기까지 어떤 규모의 사업체든 성경적인 윤리 기준을 지키지 못했기 때문에 무너졌다. 까다로운 보건국의 규정을 무시하는 식당 주인은 예상치 못한 감사를 받고 문을 닫게 될 수도 있다. 여러 번에 걸친 소방서의 경고를 무시한 철물점은 화재로 모든 것을 잃을 수도 있다. 자금 흐름에 문제가 있는 많은 사업체들은 세금을 체납하는 경우가 있는데, 그러다가 결국 벌금을 내거나 감옥에 가게 될 것이다. 감독을 받지 않고, 책임감도 없이 도덕성을 제대로 갖추지 못한 사업가는 실패하기 쉽다. 쉽게 약속을 저버리는 사람이라면, 고객들 및 종업원들과 강한 유대관계를 맺는 일이 어려울 것이다.

1 ●————●————●————●————●————●————●————●————● 10

12) 문제를 효과적으로 해결하는가

모든 사업에는 계속해서 도전이 다가오기 마련이고 해결해야 할 문제들이 발생한다. 그리고 그 책임은 사업주에게 있다. 무엇이 잘못되고 있는지를 재빠르게 파악하는 능력, 그 원인을 이해하는 능력, 그리고 해결책을 제시하는 능력은 사업의 성공을 위해서 중요하다. 해결되지 않은 문제들은 점점 더 커지게 되고 시간이 지나면서 더 많은 문제들과 얽히게 될 것이다. 능력 있는 문제 해결자는 새로운 도전 상황을 사업이 성장할 수 있는 기회로 받아들이고 또 하나의 방해물로만 여기지 않는다.

1 ●————●————●————●————●————●————●————●————● 10

13) 금방 기운을 회복할 수 있는가

모든 사업가에게는 하루하루가 도전의 나날이고, 아주 큰 피해를 입는 날도 있을 것이다. 중요한 고객이나 훌륭한 직원을 놓칠 때도 있다. 막대한 빚을 지는 일도 있을 것이고 자금과 관련된 문제로 어려움을 겪게 될 것이다. 그럴 때 침체되어 있도록 자신을 방치해서는 안 된다. 다시 용기를 내어 열정적으로 앞으로 나아가야 한다. 항상 얼굴을

찌푸리고 있는 사업주는 아무에게도 용기를 주지 못한다.

14) 실수를 반복하지 않으려고 노력하는가

우리는 모두 실수를 하고 그 실수로부터 교훈을 배우려고 하지만, 어떤 사람들은 새로운 교훈을 배우기 위해 값비싼 대가를 지불하기도 한다. 실수를 배움의 기회로 보는 법을 배우는 것, 무엇이 잘못되었고 그 이유는 무엇인지를 이해하는 것, 그리고 그 경험을 통해 성장하는 것은 중요하다. 당신은 같은 실수를 반복하지 않도록 노력하고 있는 가? 난로가 1월 내내 꺼져 있다면, 10월에 정기적으로 난로에 대한 서비스를 받겠는가? 아니면 한 겨울에 난로가 고장 나기를 기다리겠는 가?

15) 일에 대해 최고의 기준을 설정하고 있는가

최상의 품질과 고객 서비스는 모든 성공적인 기업의 특징이다. 가능한 한 최상의 제품과 서비스를 제공하려는 열정은 매우 중요하다. 현재의 자기 자리에서, 좋은 품질에 대한 열정을 가지고 있는가? 집에서 일할 때도 깔끔하고 능숙하고 완벽하게 하고 있는가?

16) '열정적인 성격' 의 소유자인가

사업주는 그 사업을 대표하는 가장 중요한 사람이다. 사업주가 아니라면 누가 그 사업에 대해 열정을 가질 것이며, 직원들과 고객들에게 그 열정을 보여줄 수 있겠는가. 사업주의 열정을 보고 고객과 좋은 직원들이 모이게 될 것이다. 사업에 깊은 관심을 가지고 있지만 그 열정을 성격과 태도로 표현하지 않는다면, 다른 사람들이 동일한 열정을 품을 수 있도록 동기를 부여하지 못할 것이다.

17) 기꺼이 위험을 감수하려고 하는가

새로운 사업이 실패할 수 있는 확률을 생각할 때, 새로운 사업을 시작하려는 사람은 위험을 감수할 수 있어야 한다. 철저하게 계획하고 효과적으로 실행할 때, 성공가능성을 높일 수 있다. 그러나 그 방정식 안에는 위험 가능성도 항상 포함될 것이다. 이미 폭락하는 주식시장이나 일에 대한 스트레스로 잠을 이루지 못하는 사람이라면, 자기 사

   그리스도인의 **성공 로드맵**

업을 시작하게 되면 더 나빠질 것이다.

1 •————•———•———•———•———•———•———•———•———•———• 10

평가 : 개인적인 기질

사람들의 기질마다 적합한 사업 유형이 따로 있다. 아래 항목은 자신에게 잘 맞는 사업 유형이 무엇인지를 이해하는데 도움이 될 것이다.

1) 다른 사람이 시작한 사업 모델을 따라 일하고 싶은가

아무것도 없는 상태에서 모든 것을 새로 시작하기보다는 기존의 사업 모델을 따라 일하면서 성공한 사업가들이 많이 있다. 맥도날드는 체인점을 운영하면서 그 진행과정의 모든 단계를 준비하는데 완벽한 사업 모델을 제시해준다. 맥도날드라면 높은 성공 가능성을 보장 받을 수는 있지만, 체인점 주인은 그 모델에서 벗어나기 힘들다. 폐쇄적인 관리를 받는 것이 답답하다면, 그리고 항상 일의 진행하는 과정을 더 나은 방향으로 바꾸고 싶은 생각이 들거나 그 일에 익숙해지지 않는다면, 체인점을 운영하지 말라.

1 •————•———•———•———•———•———•———•———•———•———• 10

2) 다른 사람들과 의논하여 결정하는가, 아니면 모든 것을 명령하는
   가

동업 관계에서는 중요한 결정을 내릴 때 동업자 개개인에게 똑같이 의견을 말할 수 있는 기회를 주어야 한다. 다른 사람들과 일하는 것이 편하다면, 그리고 책임과 더불어 결정하는 과정을 공유하는 것이 행복하다면, 당신에게는 동업 관계가 적합한 것이다. 그러나 모든 일에 대해 명령하고 자신의 뜻대로 움직이고 싶고, 함께 의논하여 결정하는 일을 좋아하지 않는다면, 동업관계에서는 좌절과 마찰밖에 일어나지 않고 사업은 성장하지 않을 것이다.

3) 아무것도 없는 상태에서 새롭게 창조하는 일을 좋아하는가

이미 있는 것을 재발명하는 일은 대개 불필요한 일이지만, 어떤 사업가들은 기존의 모델을 조정하거나 온전하게 만들기 보다는 전혀 새로운 일을 시작하고 싶어 한다. 정말 창조적이고, 자기가 무엇을 원하는지를 알고, 또 모든 일을 어떻게 운영해야 하는지를 정확하게 아는 사업가들은 아무것도 없는 상태에서 사업을 시작하는 일이 자신에게 잘 맞는다는 것을 알게 된다.

 그리스도인의 **성공 로드맵**

조사 내용 평가하기

모든 평가 후에, 각 항목에서 평균 4점 이상이면 '평균 이상' 으로 간주하는데 이는 사업에서 성공할 가능성이 높다는 뜻이다. 3.5점 이하이면 잠재된 문제가 있음을 암시한다. 자신이 시작하고 싶은 사업의 중요한 측면에서 한 가지 이상 부족한 점을 발견했다면 주의하라.

> 각 항목에서 평균 4점 이상이면 '평균 이상' 으로 간주하는데 이는 사업에서 성공할 가능성이 높다는 뜻이다.

예를 들어, 경리 사무원인 앨리스는 자발적으로 일을 처리하지 못한다거나 일을 끝까지 마무리하는 것이 서툴다고 가정해보자. 그렇다면 앨리스는 어떤 체계를 정해주고 책임을 지게 하는 상사 밑에서 훨씬 더 일을 잘 할 것이다. 만약 앨리스가 무모하게 부기(簿記) 관련 사업을 시작한다면, 좌절감을 느끼고, 목표를 이루지 못하고, 일도 얻지 못할 것이다.

앞으로 배워야 할 것과 개인적인 훈련에 집중할 수 있도록 자신에 대한 평가 결과를 활용하라. 성경은 예수님께서 지혜에서 자라가셨다

고 말씀한다. 우리는 예수님의 본을 따라갈 수 있고 그렇게 해야만 한
다. 여러 가지 중요한 부분에서 자신이 부족하다는 것을 알았다면, 그
래도 여전히 사업을 시작하고 싶다면, 우선 자신의 약점을 보완하면
서 준비가 되었을 때 일을 추진하도록 하라.

과제

과제 1
· 자신의 가장 좋은 장점 세 가지를 기록하라. 그리고 그 장점이 당
　신이 하고 싶은 사업과 어떻게 관련되는지를 기록하라.

　　　　　　　　　　　　　　　　　　　　　　　　　　

　　　　　　　　　　　　　　　　　　　　　　　　　　

· 자신의 가장 취약한 약점 세 가지를 기록하라. 그리고 그 약점이
　사업에 어떻게 불리하게 작용할 것인가를 기록하라.

　　　　　　　　　　　　　　　　　　　　　　　　　　

　　　　　　　　　　　　　　　　　　　　　　　　　　

과제 2
· 각 질문에 대해 당신을 평가해달라고 조언자들에게 부탁하라. 당
　신이 개인적으로 평가한 점수는 조언자들에게 보여주지 말고 그

그리스도인의 **성공 로드맵**

들의 생각을 기록하게 하라. 당신에 대해 잘 알지 못하는 분야가 있다면 그 질문은 건너뛰어도 된다.

· 조언자들과 함께 평가 결과에 대해 전적으로 토론할 수 있는 시간을 별도로 떼어 놓으라. 특별히 당신이 매긴 점수와 조언자들이 준 점수가 서로 다른 항목이 있다면 그 내용에 더 관심을 가지라. 당신의 목표는 정확한 피드백을 듣는 것이다. 그러므로 그들의 대답을 들을 때 방어적인 자세를 취하지 않도록 하라.

바울이 갈라디아 교회 교인들에게 "그런즉 내가 너희에게 참된 말을 하므로 원수가 되었느냐"(갈 4:16)고 쓴 것처럼 조언자들이 그런 느낌을 받지 않도록 하라. 정직하고 솔직한 피드백(좋지 않은 말을 듣게 된다고 할지라도)은 자신을 평가하는 과정에서 가장 중요한 부분이다. 그리고 하나님께서 하나님의 완전하신 뜻을 당신에게 보여주실 수 있는 한 가지 방법이기도 하다.

 **해야 할 일**

1. 자신을 평가하라.

2. 조언자들에게 확인하라.

3. 사업과 관련된 자신의 열정을 기록하라. 당신을 이끄는 힘이 무엇인지, 당신의 흥미를 끄는 것은 무엇인지, 그리고 당신의 동기는 무엇인지를 기록하라.

4. 당신의 가장 좋은 장점 세 가지, 그리고 가장 부족한 단점 세 가지를 기록하라.

5. 조언자들에게 당신의 장·단점을 확인해보라.

자신에 대한 평가에 만족하는가?

· 조언자들은 당신에게 몇 점을 주었는가?

· 조언자들의 평가 점수와 당신이 매긴 평가 점수는 일치하는가?

· 조언자들의 평가로 고무되었다면 그것은 좋은 징조이다.

· 조언자들의 평가에 동의하지 않는다면, 그 이유는 무엇인가?

신호등

지금까지, 당신 자신과 환경에 대한 모든 조사를 마쳤다. 이제 하나님과 경건한 사람들이 무슨 말씀을 하는지 귀를 기울여야 한다. 하나님은 선지자 예레미야를 통해 말씀하셨다. "너는 내게 부르짖으라 내가 네게 응답하겠고 네가 알지 못하는 크고 비밀한 일을 네게 보이리라"(렘 33:3).

하나님은 다음 세 가지 중 한 가지로 당신의 기도에 응답하실 것이다.

1. **멈추라** : "가시채를 뒷발질하기가 네게 고생이니라"(행 26:14 하).
2. **기다리라** : "이 묵시는 정한 때가 있나니"(합 2:3 상).
3. **진행하라** : "이는 당신의 주장할 일이니 일어나소서 우리가 도우리니 힘써 행하소서"(스 10:4).

중요한 분야, 즉 가족, 재정, 또는 개인적인 평가의 부분에서 빨간 불이 켜졌다면 멈추라는 신호이다. 그 신호를 무시하고 진행한다면, 불행을 자초하는 일이며 앞으로 큰 마음의 고통을 겪게 될 것이다. 당신의 삶을 향한 하나님의 완전하신 뜻을 온전히 분별할 수 있도록 기도하라. 그리고 하나님의 인도하심에 순종하라.

4장

경쟁상대를 **평가하라**

사업을 시작하려고 할 때 자신의 경쟁상대를 평가하는 일은 중요하다. 새로운 사업을 통해 독창적인 상품을 시장에 내놓을 것인지 아니면 이미 존재하고 있는 분야에서 더 나은 서비스를 제공할 것인지, 이 결정에 따라 성공의 수준이 달라질 것이다.

민수기 13장 2절에서 하나님은 모세에게 말씀하셨다. "사람을 보내어 내가 이스라엘 자손에게 주는 가나안 땅을 탐지하게 하되"(민 13:2). 하나님은 이스라엘 백성들이 그 적을 이해해야 한다는 것을 아셨다. 마찬가지로 사업을 할 때도 그 경쟁상대를 알아야 한다.

다른 업체의 장·단점을 파악하면 당신이 경쟁할 수 있는지 그리고 어떻게 경쟁할 수 있는지를 판단하는데 도움이 된다. 누가복음 14장 31절은 "또 어느 임금이 다른 임금과 싸우러 갈 때에 먼저 앉아 일만으로서 저 이만을 가지고 오는 자를 대적할 수 있을까 헤아리지 아니하겠느냐"

(눅 14:31)고 질문한다.

:: 제품의 독창성

경쟁상대를 살펴볼 때, 경쟁과 관련된 여러 가지 중요한 요소를 고려해야 한다. "우리의 제품 혹은 서비스는 현재 시장에서 유통되고 있는 것과 어떤 차별성을 가지는가?"라는 기본적인 질문부터 시작하라.

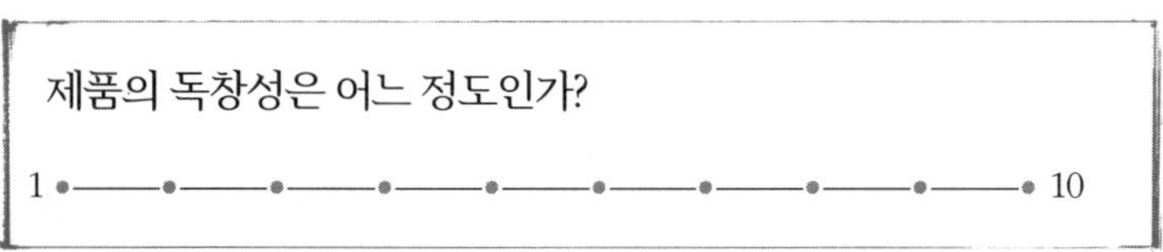

다른 제품과 차별화 하는 일은 수많은 제품에서 당신의 사업을 구별시키는 중요한 단계이다. 아모스 선지자는 "창애(bait, 미끼)를 땅에 베풀지 아니하고야 새가 어찌 거기 치이겠으며"(암 3:5)라고 기록했다. 독창성은 고객을 끌어들이는데 필요한 '미끼'가 된다.

:: 전문화

이미 존재하고 있는 분야에서 직접 경쟁하기 보다는 같은 업종이지만 좀 더 구체적인 분야에서 전문화하는 방법을 고려해 볼 수 있다.

예를 들어, 교체용 창문을 판매하려는 회사가 이미 포화상태인 시장에서 성공하기를 원했다. 이 회사는 맞춤형 컬러 창문틀을 만드는 방법을 생각했다. 이 창문틀은 실내장식가와 최고급 맞춤형 건축가에게 판매할 수 있었다. 전문화함으로서, 그리고 '정면으로' 승부하지 않음으로써, 다른 회사와 직접 경쟁하는 상황을 피할 수 있었다.

비슷한 예로 다윗을 들 수 있다. 목동인 다윗은 키가 9척이나 되고 무장한 거인 골리앗과 대적했다. 거인에 맞서서 직접 정면으로 공격하면 실패할 수도 있었다. 그러나 다윗은 물맷돌을 사용하는데 전문가였고, 자기의 전문적인 재능을 이용해서 그 거인을 상대할 수 있으리라 생각했다. 그리고 다윗은 성공했다.

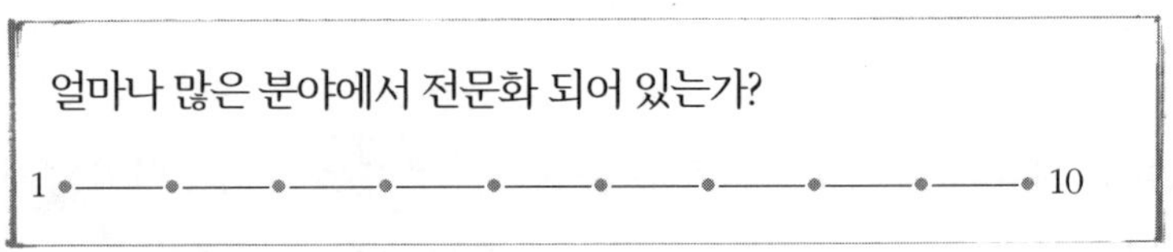

마이크(Mike)와 도나(Dona)는 미시간 주 샌프란시스코 근처에 종묘장을 열고 싶었다. 그들은 묘목을 키우고 건사하는 일에 대한 지식을 가지고 있었고, 고객들이 무엇을 원하는지도 이해하고 있었다. 그러나 개업하기 전에 다른 종묘장을 방문해보면서, 그 지역의 수많은 종묘장들이 이들이 판매할 수 있는 도매 가격 이하로 묘목을 팔고 있음을 알게 되었다. 그들은 더 좋은 서비스와 양질의 묘목을 제공할 수 있다고 믿었지만 가격 경쟁력에서 다소 떨어지기 때문에 단골 고객을 만들기가 쉽지만은 않다는 것을 깨달았다.

 그리스도인의 **성공 로드맵**

그들은 두 가지 독창적인 품목, 즉 큰 나무와 정원용 허브를 전문적으로 다루기로 결정했다. 집주인 중에는 현재 직판점에서 구입할 수 있는 것보다 더 큰 나무를 원하는 사람들이 있었다. 크게 자란 나무일수록 전문적으로 관리하고 심어주는 것이 필요한데, 이런 부분은 다른 경쟁업체들은 제공할 수 없는 서비스이기도 했다. 그리고 마이크와 도나는 수년 동안 허브를 길렀다. 지금은 허브를 상업용으로 재배해서 전문 잡지와 카탈로그에 광고하기 시작했다.

시간이 지나면서, 큰 나무나 허브 정원을 원하는 고객들을 꾸준히 확보하게 되었고 그런 고객들이 점점 많아지게 되었다. 그들이 공략한 틈새시장은 잘 맞아떨어졌다. 일을 시작하면서 몇 년 동안 사업은 성공적이었다. "우리가 전문화 하지 않았다면 — 우리가 큰 업체들과 직접적으로 경쟁했더라면 성공하지 못했을 것입니다"라고 마이크는 말했다. "우리가 가장 잘 한 일은 경쟁상대를 평가하고 그후에 사업의 목적을 정했다는 것입니다. 우리의 목적은 큰 그늘을 만들어 줄 수 있고 항상 푸른 나무를 공급하는 일과 미시간 주의 기후에서 잘 자랄 수 있는 허브 식물을 공급하는 일에 최고가 되는 것입니다."

:: 위치, 위치

실제로 어떤 장소에서 사업을 시작하는가 하는 문제는 성공과 실패를 가름하는 중요한 요소이다. 강력한 경쟁사가 가까이 있는 곳에서 사업을 시작하고 싶지는 않을 것이다.

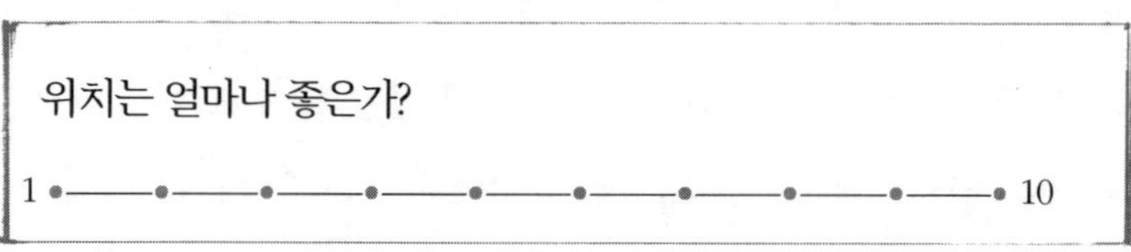

한 가족이 경쟁업체를 신중하게 평가한 후에 피자 전문점을 열었다. 대부분의 고객들이 2마일 이내에서 온다는 사실을 알고, 사람들이 쉽게 올 수 있으면서도 다른 피자전문점에서 너무 가깝지 않은 곳에 위치를 정했다. 그렇게 결정한 장소는 가장 가까운 피자전문점에서 1.5마일 거리에 위치하고 있으며 근처에 주택들이 많은 곳이었다.

이 피자전문점이 성공할 수 있었던 이유는 장소를 현명하게 선정했다는 점이다.

:: 간과되고 있는 틈새시장

경쟁업체의 분야를 살피다 보면 낙심이 될 수도 있다. 하지만 상대방이 간과하고 있는 틈새시장을 찾아볼 필요가 있다. 현재 아무도 보지 못하는 틈새시장을 찾는 일은 당신이 성공하는 방법이 될 수 있다.

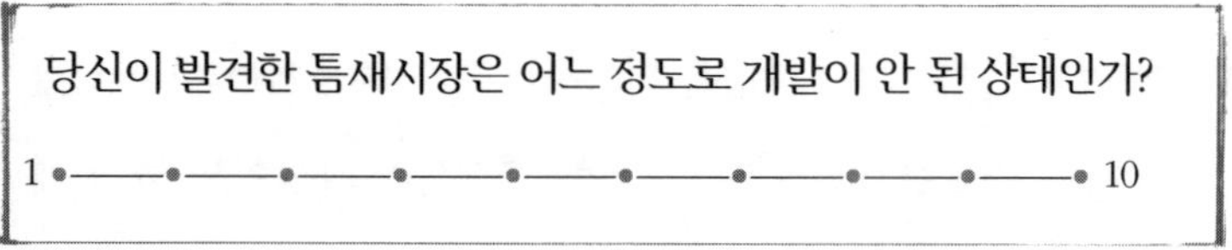

애리조나에 있는 어떤 자동차 서비스 회사가 사업을 확장하고 싶었다. 전형적인 광고를 해서 몇몇 새로운 고객이 오기는 했지만 판매 실적은 대체적으로 변동이 없었다. 시장조사를 더 해본 후에, 사업주는 스페인어를 사용하는 고객을 제대로 끌어 모으지 못하고 있음을 알게 되었다.

사업주는 조치를 취했다. 히스패닉, 라틴아메리카 라디오방송국을 통해 스페인어 광고를 시작했다. 스페인어가 가능한 사람을 고객 서비스 담당으로 고용하고, 몇 가지 기본적인 안내책자와 인쇄물도 스페인어로 번역했다. 그 결과 새로운 고객이 35퍼센트나 증가하였다.

: : 고객 서비스

제품이 아무리 훌륭해도, 아무리 최상의 장소라고 해도, 지속적으로 수익성을 올리기 위해서는 때에 맞는 방법으로 탁월한 고객 서비스를 제공하는 것이 필수적이다. 사도 바울은 섬김(서비스)을 이야기하면서 참된 서비스(service)를 하나님과 관련된 높은 수준의 것으로 말하고 있다. 에베소서 6장 7절에서 바울은 이렇게 기록했다. "단 마음으로 섬기기를 주께 하듯 하고 사람들에게 하듯 하지 말라"(엡 6:7).

우선 경쟁업체가 제공하는 서비스의 수준을 알아야 할 것이다. 그래서 그에 대등하거나 아니면 훨씬 더 나은 서비스를 제공할 수 있는지를 판단하고 싶을 것이다. 자신이 더 나은 서비스를 제공할 수 있다고 느낀다면, 자신의 사업 분야에 대해 고객들이 더 나은 서비스에 대한 대가를 지불할 용의가 있는지를 확실하게 분석하도록 하라. 다시 말해서, 특정한 유형의 서비스가 다른 업체들과 비교해서 차별화 하는데 효과적인 수단이 될 뿐만 아니라 고객들이 구매를 결정할 때 플러스 요인이 되는지를 결정해야 한다.

예를 들어, 지금 주유소에서는 거의 서비스를 제공하지 않는다. 사람들은 모두 신용카드를 집어넣고 직접 주유하는 일에 익숙해져 있다. 직원에게 주유하게 하면서 더 많은 돈을 내게 하는 것은 좋은 마케팅 전략이 아닐 수 있다. 또 비행기를 이용하는 대부분의 승객들은 서비스보다는 스케줄과 가격에 따라 비행기를 선택한다. 이 두 가지 경우에, 더 많은 서비스를 제공한다고 해서 더 많은 고객을 모을 수 있다는 보장도 없이 비용만 올라갈 수도 있다.

어떤 상황에서는, 쉽게 이용할 수 있는 효과적인 고객 서비스가 고객을 끌어들이는 확실한 방법이 될 수 있다. 예를 들면, 최근에 나는 우물 펌프를 급하게 수리해야 할 일이 있었다. 그런데 한 업체로부터 서비스를 받으려면 3주를 기다려야 한다는 말을 들었다. 3주는 물 없이 살기에는 너무나 긴 시간이었다. 다행히도 내 문제를 즉시 해결해 줄 수 있는 다른 전문업체를 찾을 수 있었는데, 2시간에 해당하는 이동 경비만 지불하면 되었다. 이런 특수한 시장에서는, 즉각적인 서비스를 제공하는 것이 유리하고 수익성도 있다.

당신의 고객 서비스는 최상인가?

1 •———•———•———•———•———•———•———•———•———•———• 10

:: 제품의 품질

천지창조 기사에서 성경은 이렇게 말씀한다. "하나님이 그 지으신 모든 것을 보시니 보시기에 심히 좋았더라"(it was very good)(창 1:31 상, NKJV). 제품이나 서비스의 질 또한 정말 훌륭하다고 확신할 수 있어야 한다. 경쟁상대를 잘 관찰하면, 경쟁상대와 대등할 뿐만 아니라 앞서기 위해서 어느 정도 수준의 품질을 제공해야 하는지를 판단하는데 도움이 된다.

크리스피 크림(Krispy Kreme, 미국계 도넛 업체)은 맛있는 도넛을 만드는 작은 빵집에서 시작되었다. 크리스피 크림은 주요 경쟁업체(던킨 도너츠)를 살펴보고, 더 맛있는 도넛, 사람들이 사고 싶어 하는 맛의 도넛을 만들기로 결정했다. 크리스피 크림은 빠른 속도로 성장했고, 그 이후의 이야기는 모두 알고 있는 그대로이다.

자신이 제공할 수 있는 서비스의 질을 현실적으로 판단하는 일은 매우 중요하다. 우리의 열정 때문에 우리는 우리가 제공할 수 있는 제품이나 서비스를 과대평가할 수도 있고 다른 사람들이 제공하는 것은 과소평가할 수도 있다.

예를 들어 설명하면, 트럭을 이용한 배달 서비스 회사가 그 도시에 서라면 짐을 두 시간 안에 배달할 수 있다고 광고했다. 그러나 배달은 예정보다 늦어지게 되었는데, 그 이유는 이 회사에 트럭이 한 대밖에 없었기 때문이다. 약속은 지켜지지 않았고 곧 고객을 잃게 되었다. 현실적으로 검토했다면, 그들의 시스템이 그렇게 밖에 작동할 수 없다는 것을 알았을 것이다. 여러 대의 트럭을 보유하고 있는 다른 회사는 이 분야에서 일하기 위한 준비를 잘하고 있는 것이다.

∷ 지속성

일반적으로 말해서, 한 기업이 오랜 기간 동안 유지되고 있다면 그 기업은 일을 잘 하고 있는 것이다. 성급하게 일을 시작하기 전에, 경쟁 업체가 오랫동안 유지되고 있는 '비결'이 무엇인지를 이해하는 것이 당신에게 유익할 것이다. 그 다음에 그 경쟁업체와 경쟁하고 싶다면 어떻게 경쟁할 수 있는지를 판단할 수 있을 것이다.

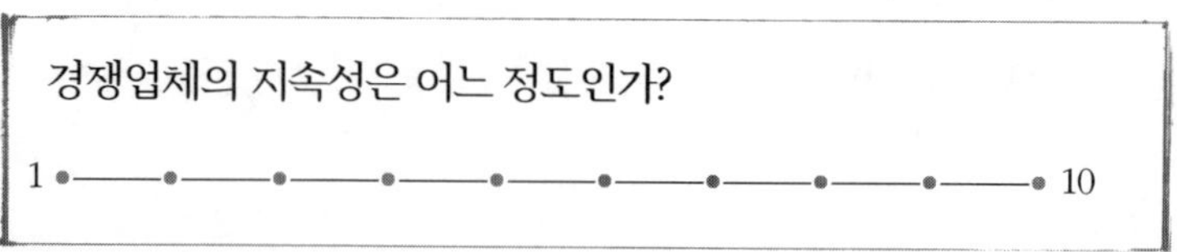

그리스도인의 **성공 로드맵**

다른 기업들보다 특히 더 고객들의 충성심을 받는 기업들이 있다. 한 도시에 두 개의 택시 회사가 있었는데, 두 회사 모두 오랫동안 사업을 해왔으며, 서로 요금도 비슷하고 둘 다 좋은 서비스를 제공하고 있어서 이 도시에서 또 다른 회사가 같은 사업을 시작한다면 아마 힘들 것이다.

대부분의 고객들은 어떤 사업체에 대해 만족스러웠다면, 자신에게 익숙한 것을 고집하려는 경향이 있다. 솔로몬 왕도 잠언 27장 10절에 이렇게 기록했다. "네 친구와 네 아비의 친구를 버리지 말며." 사람들에게는 익숙한 것을 고집하려는 습관이 있다.

:: 광고와 이미지

경쟁상대가 이미 매우 강한 이미지를 가지고 있다면, 이 특정한 시장에 파고들기 위해서는 많은 비용을 들여서 광고하는 것이 필요하다. 예를 들어, 잡지를 발간하려면 그 일을 추진하기 위해서 천만 달러의 광고 투자가 필요하다. 잠재 고객들의 마음을 감동시키고 그들을 끌어들일 수 있는 광고를 하기 위해서는 어떻게 투자해야 할지 현명하고 객관적으로 결정하라.

집을 구매하려는 사람들에게 그 집을 살펴볼 수 있도록 하는 주택 조사 열람 서비스(house inspection service)를 제공하는 두 개의 회사가 같은 도시에 있었다. 두 회사 모두 서비스, 철저한 일처리, 고객 만족도의 분야에서 탁월하다는 평판을 듣고 있다. 이 두 회사의 이미지와 평판을 고려할 때, 또 다른 회사가 이 시장에 파고 들어오기는 힘들 것이다. 솔로몬 왕도 이렇게 말했다. "많은 재물보다 명예를 택할 것이요"(잠 22:1).

또 다른 도시에는 여덟 개의 회사가 앞서 말한 주택 조사 열람 서비스를 시행하고 있는데, 어느 회사도 특별한 서비스를 제공하지 못하고 있었다. 역설적이게도, 단 두 개의 회사가 있는 도시보다 여덟 개의 회사가 있는 도시에서 부동산업자가 손님을 소개 받기가 더 쉬울 것이다. 두 회사는 모두 뛰어난 서비스를 제공하고 있어서 부동산업자가 들어갈 틈이 없다.

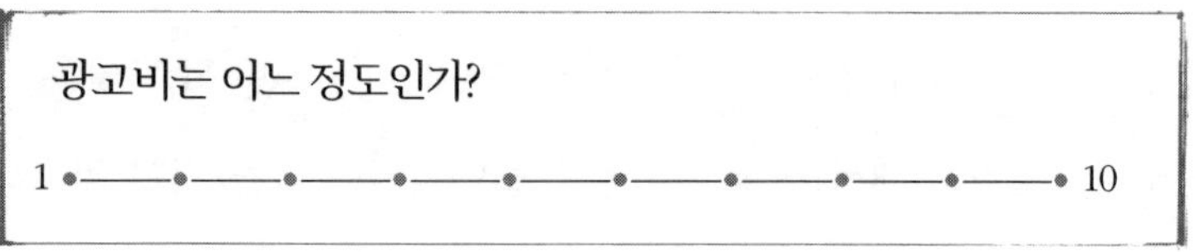

:: 가격

현재 시장 가격에 대해 자신이 경쟁력을 가지고 있는지를 판단하는 일은 매우 중요하다. 당신이 제시하는 가격을 낮추고 싶어하는 고객들도 있을 것이다. 그렇기 때문에 가격 결정 구조가 어떠한지, 제공할 수 있는 제품과 서비스는 어떤 것인지, 그리고 그것이 가격 경쟁력이 있을 것인지를 미리 결정해두어야 한다.

가격은 생산 원가에 근거하기 보다는 고객들이 지불하려는 값에 따라 결정되어야 한다. (월마트와 같이) 물건을 대량으로 구입할 수 있는 능력을 가진 회사들과 경쟁하는 일은 쉽지 않을 것이다. 그런 회사들의 판매 가격은 당신 회사에서 판매하는 제품의 실질적인 도매가격보다 낮을 수도 있다.

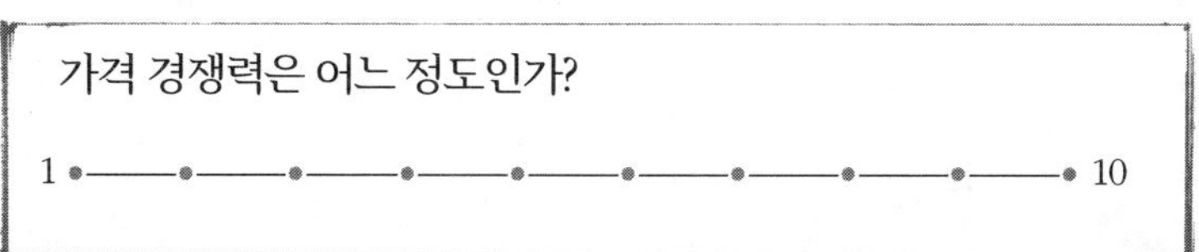

고객은 제품 생산 원가, 혹은 회사를 운영하는 비용에는 관심이 없다. 고객은 최상의 가치를 원하고, 성공적인 기업은 그 가치를 제공한다.

 ## 생각하기

＊경쟁업체를 확실히 이해하고 있는가?

＊틈새시장을 겨냥하고 있는가? 아니면 모든 기업과 경쟁하려고 하는가?

＊성공을 위한 준비가 되어 있는가?

 ## 해야 할 일

1. 시장에서 자신의 틈새시장을 확인하라.

2. 경쟁업체를 확인하라.

3. 자신과 경쟁업체의 장·단점을 확인하라.

4. 성공적으로 경쟁하기 위해서 어떻게 행동해야 하는지 확인하라.

 신호등

멈추라 : 경쟁업체가 최선을 다해 노력하는 것을 능가하려면 어떻게 해야
할지 모르겠다.

기다리라 : 시장에서 어떻게 해나가야 할지 자신이 없다.

진행하라 : 경쟁업체를 분명하게 이해하고 있으며, 내가 성공하기 위해서
구체적으로 어떻게 행동해야 할지를 분명히 알고 있다.

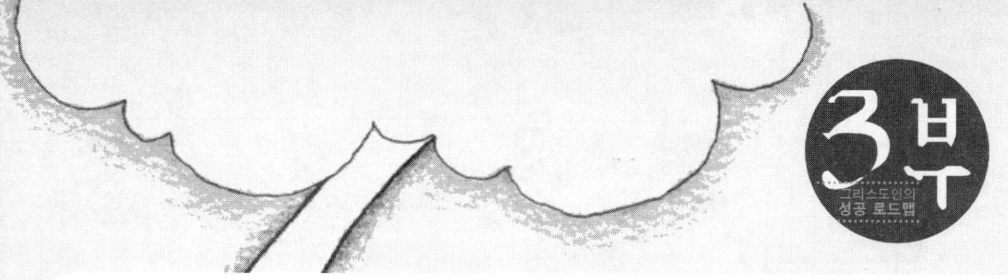

5장 사업의 비전을 정의하라
6장 사업을 어떻게 시작할 것인가
7장 사업 방식을 선택하라
8장 사업 계획서를 준비하라

사업을 명확하게 정의하기

Roadmap to Success

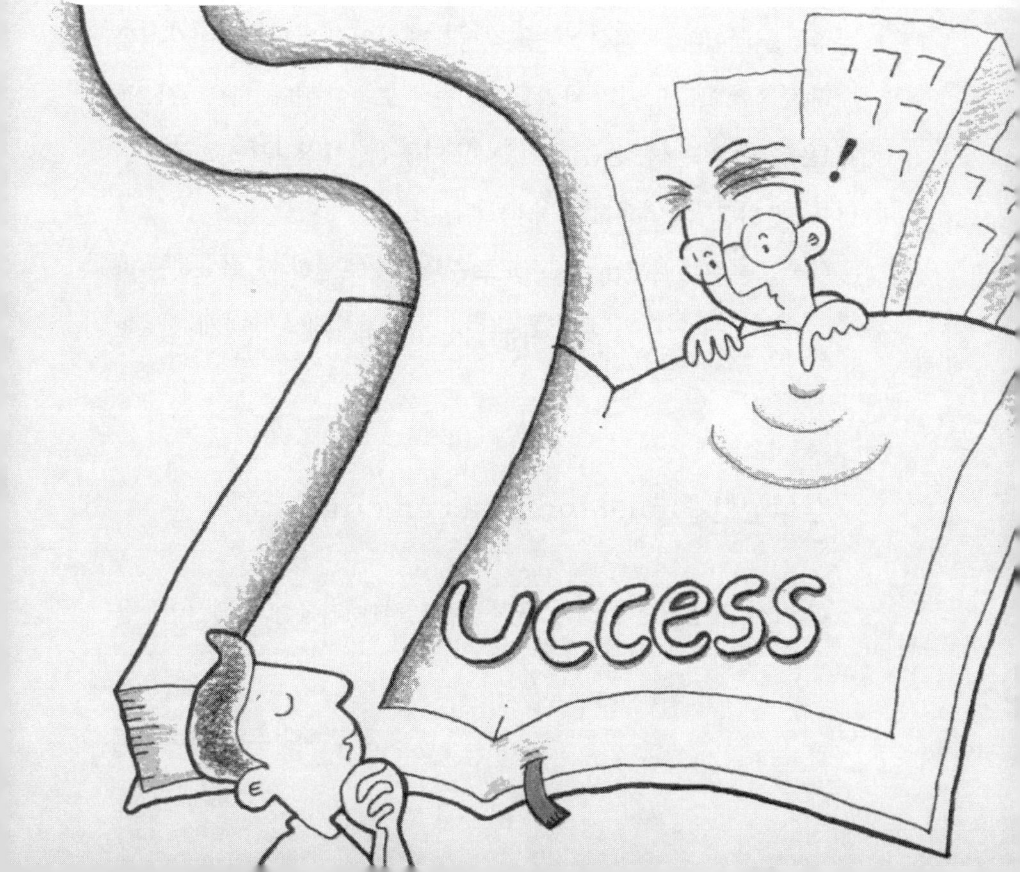

사업의 비전을 **정의하라**

분명한 목적선언문은 사업을 할 때 기본적인 것으로 아마도 여러분은 1장에서 자신의 목적선언문을 작성했을 것이다. 목적선언문을 작성하면 사업의 범위와 목표대상을 미리 설정함으로써, 자기 자리를 지키는데 도움이 된다. 히브리서 2장 1절은 "그러므로 모든 들은 것을 우리가 더욱 간절히 삼갈지니 혹 흘러 떠 내려갈까 염려하노라"고 가르치고 있다.

더욱이 목적선언문을 구체적으로 분명하게 표현할 때, 목표하는 바를 조언자들과 미래의 고객들, 그리고 동료들에게 분명하게 전달할 수 있다.

목적선언문(mission statement)

1장에서 작성했던 자신의 목적을 분명하게 기록한 목적선언문을

그리스도인의 **성공 로드맵**

확인해보라.

- ·이 사업을 하는 이유는 무엇인가?
- ·사업의 주된 목적은 무엇인가?
- ·다른 사람들은 할 수 없거나 또는 당신만큼 잘할 수 없는 일은 무엇인가?

이러한 선언문을 작성해두면, 사업의 규모, 범위, 목적을 정하게 되어 사업이 지향하는 바를 유지하고 자기가 해야 할 일을 하는데 도움이 된다.

예를 들어, 플래그스태프 종묘장의 주된 설립 목적(purpose)은 북부 애리조나 지역에 토종 식물을 공급하는 것이었다. 이 종묘장은 목적에 충실했기 때문에 다른 지역에서 수입되는 식물을 사들이는 식의 곁길로 나가지 않았다. 토종 식물과 이에 대한 특별한 관심을 가지고 있는 고객을 섬기는 일에 집중했다.

다음으로 사업의 목표(objective)를 결정하라. 목표는 목적의 실질적인 내용을 말한다. 예를 들어 플래그스태프 종묘장의 목적(goal)은 토종 식물을 공급하는 것뿐만 아니라, 북부 애리조나에서 선도적인 토종 식물 공급처가 되는 것이었다. 이 구체적인 전문 분야에서 제1의 업체가 되는 것이 그들의 목표이다.

플래그스태프의 프리미어 로그 홈즈(Premier Log Homes)는 2,700평방피트에서 6,000평방피트의 규모에 이르는 맞춤형 통나무집을 지을 목적으로 세워졌다. 이 회사의 주요 목적은 '맞춤형 최고급 통나무집을 짓는 것'이다. 이 회사는 조립용품으로 집을 조립하거나, 리모델링하고 수리하거나, 다른 재료로 집을 짓는 일은 하지 않는다.

이 회사는 조립식 주택을 만들어 달라거나 통나무집 패키지에 대한 문의나 요청을 받으면, 견적서를 제공하기는 하지만 이 제안을 끝까지 해내려고 많은 시간을 쓰지는 않는다. 통나무집 조립 세트를 구매하려는 사람들은 대부분 품질과 전문적 기술 측면에서 고급 주택 보다는 일주일간의 휴가를 보낼 수 있는 낮은 가격대의 집을 찾고 있을 것이다.

또한 이 회사의 목적선언문은 플래그스태프 지역을 대상으로 정하고 있다. 60마일 이상 떨어진 곳에서 일을 추진하게 되면 이동 시간과 비용이 너무 많이 필요하기 때문에 그런 기회가 있어도 정중하게 거절한다. 회사의 주요 목적과 목표를 분명하게 정해놓음으로써, 대상이나 목적을 유지할 수 있다.

예를 들어, 건축업자의 목적선언문에는 다음과 같은 내용이 포함될 것이다.

· 카탈리나 주택건설회사(Catalina Homebuilding Company)는 남부 애리

조나 지역에 잘 계획된 주택 단지를 개발할 예정이다. 이 지역에서
는 한 단지가 20만 달러 이하의 주택 300가구로 구성될 것이다.

· 토마스 맞춤형 주택건설회사(Thomas Custom Home Builders)는 애
리조나 전역에서 여분의 부지가 있는 넓은 토지에 60만 달러에서
120만 달러 정도의 비용이 드는 포괄적인 건축 서비스를 제공하
려고 한다.

· 디저트 주택개발회사(Desert Home Development)는 투손 지역에서
조립식 주택을 계획하고 개발하고 판매하려고 한다. 가격은 주택
한 호에 75,000달러에서 10만 달러가 될 것이고, 은퇴세대를 위한
편의시설을 갖출 것이다.

· 맥키니 건설회사(McKinney Construction)는 투손 지역에서 포괄적
인 디자인과 건축 서비스를 제공할 것이다. 최신형 주방과 욕실
에 맞는 최상의 재료를 사용할 것이다.

각각의 예를 보면, 사업주들은 어떤 유형의 건축물을 제공해야 하
는지, 주요 목적이 무엇인지를 결정하고, 그 다음에 목적한 바를 이루
어나가고 있다.

이 회사들은 모두 크게는 건설업에 종사하고 있지만, 개별적으로 작성한 목적선언문을 보면 각 회사가 어떻게 구체적인 목표를 결정하고 있는지, 그리고 그들의 사업 분야를 잠재적인 고객들에게 어떻게 전달하고 있는지를 알 수 있다.

자신에게 물어보라.

- 왜 사업을 해야 하는지를 알고 있는가?
- 주된 목적이 무엇인지를 알고 있는가?
- 다른 사람들은 할 수 없거나 또는 당신만큼 잘하지 못하는 일은 무엇인가?
- 당신의 사업상 목표는 무엇인가?
- 목적선언문을 기록했는가?
- 자신의 경쟁력이 무엇인지 파악했는가?

사업에 대한 비전선언문

사업에 대한 비전선언문은 자신의 사업이 미래에 어떤 모습이 되기를 원하는가에 대해 진술하는 것이다. 비전선언문을 작성하면 목표를 결정하게 되고, 그렇게 되면 궁극적으로 원하던 모습으로 사업이 성장하게 될 것이다.

  그리스도인의 **성공 로드맵**

예를 들어, 화가는 그림을 그리려고 할 때 단순히 주제만을 정하지 않는다. 어떤 유형의 그림을 그릴 것인지(유화, 아크릴화, 수채화), 하루 중 어느 때를 표현할 것인지, 빛의 각도와 그에 따르는 그림자를 어떻게 그릴 것인지, 그리고 그림의 전체적인 스타일(현대주의, 고전주의, 또는 인상주의)을 어떻게 할 것인지를 결정해야 할 것이다.

화가가 캔버스에 물감을 칠하기 전에 최종적인 그림의 세부사항까지 마음에 그려보는 것처럼, 사업가도 목적을 이루기 위한 모든 절차를 세세하게 구상해야 한다.

:: 자신의 기술은 무엇인가

사업을 시작하려고 할 때, 사업주는 우선 자신이 할 수 있는 실제적인 기술과 능력을 알고 있어야 한다. 예를 들어, 작은 간이식당인 '쟈넷식당'은 실력 있는 즉석 요리 전문 요리사가 주인인데, 이 식당은 주문받은 후 15분 안에 아침과 점심 메뉴를 제공하는 것을 목적으로 한다. 쟈넷식당은 이 목적대로 잘 운영되고 있었지만, 만약 주인이 이 간이식당을 미식가를 위한 유럽형 레스토랑으로 바꾸려고 한다면, 그 비전을 이룰 수 있을만한 기술이나 열정이 부족할 수도 있다.

이와 비슷하게, 디저트 주택개발회사가 계획 단지 안에서 조립식 주택을 판매하던 사업에서 수백만 달러짜리 주문식 주택을 짓는 사업으로 바꾸려고 한다면, 성공하기 위한 기술과 능력이 부족할 수 있다.

자신이 잘 할 수 있는 일에 맞춰서 비전을 유지하라.

처음에는 자신이 꿈꾸던 대로 모든 일이 진행되지 않을 수도 있다. 그러나 자신의 비전이 무엇인지, 그리고 자신이 어떤 사업을 할 것인지를 미리 결정할 때, 그 목표를 이루기 위한 모든 단계를 계획할 수 있다. 하박국 선지자가 기록한 말씀을 기억하라. "이 묵시는 정한 때가 있나니 그 종말이 속히 이르겠고 결코 거짓되지 아니하리라 비록 더딜지라도 기다리라 지체되지 않고 정녕 응하리라"(합 2:3).

:: 비전을 명확히 하라

최선의 결과를 얻기 위해서는, 세 가지 중요한 사업 분야에 대한 비전을 개발해야 한다.

#1 제품과 서비스에 대한 비전

제품과 서비스에 대한 비전을 세워 놓으면, 어떤 제품 또는 서비스를 생산할 것인지, 어떤 방법으로 생산할 것인지, 그리고 표현하고 싶은 일반적인 이미지는 무엇인지에 대해 당신과 당신 동료들이 정확하게 이해하는데 도움이 된다. 하나님께서는 모세에게 이렇게 지시하셨다. "너는 삼가 이 산에서 네게 보인 식양(pattern)대로 할지니라"(출 25:40). 하나님은 식양을 가지고 계셨고, 모세에게 그 비전을 주셨고, 모세는

  그리스도인의 **성공 로드맵**

그 비전을 백성들에게 전달했으며 백성들로 하여금 그 비전을 따라오게 했다.

맥키니 건설회사의 비전은 고품질의 마감재를 사용한 주방과 욕실에 맞는 독창적인 디자인 서비스를 제공하는 것이다. 앞면에 밝게 빛나는 맥키니(McKinney) 로고가 새겨져 있는 멋진 회사 셔츠를 만들어서 직원들에게 입게 하는 것도 비전을 뒷받침하기 위한 방법이다. 맥키니는 최고급 고객의 기대에 부응하는 인상을 심어주고자 한다.

반대로, 저렴한 가격대를 원하는 고객들을 대상으로 하는 주방 리모델링 전문회사는 경제적인 방법으로 생산할 수 있는 방법을 사용할 것이며, 직원들이 회사 로고가 없는 일상적인 옷을 입어도 상관하지 않을 것이다.

패스트푸드 식당이라면 손님이 도착한지 4분 안에 주문을 받고 주문한지 5분 안에 손님들에게 음식을 가져다주는 것을 고객 서비스 목표로 삼을 것이다. 시간에 관한 그 목표를 지속적으로 실행할 수 있도록 식당의 모든 분야를 체계화할 것이다. 거기에는 설비를 선정하는 일, 메뉴를 정하는 일, 직원에 대한 적절한 훈련 등이 포함된다. 그리고 이 목표를 이루는데 방해가 되는 모든 불편한 사항은 처리해야 한다.

카탈리나 주택건설회사의 비전은 20만 달러 이하 가격으로 양질의 주택을 제공하는 것이다. 이 비전을 이루기 위해서 적당한 주택 디자인과 토지 이용, 각 단지에 5채의 주택을 배치하는 것, 가격을 인하하기 위해 고객들에게 네 개의 모델 중에서 하나를 선택하도록 하는 일 등을 하고 있다. 이 회사의 비전에는 다음의 내용이 포함될 수 있다. 기한 내 공사, 하자 없는 주택, 고객들과 직원 및 부품 제조업자들에게 정직함의 원칙을 고수하는 것.

제품이나 서비스에 대한 비전을 결정하고 명확하게 하면, 당신 자신과 직원들이 목적을 지향할 수 있을 뿐만 아니라 어떤 고객을 대상으로 마케팅과 광고를 해야 하는지를 파악하는데 도움이 된다. 80만 달러짜리 맞춤형 주택을 구매하려는 사람의 마음을 끌기 위해 사용하는 방법은 20만 달러 이하의 주택을 구매하려는 사람을 대상으로 할 때와 전혀 다르다.

비전이 분명할 때, 잠재적인 고객들에게도 그 비전을 분명하게 전달할 수 있다. 사업에서 중요한 요소는, 고객들에게 그들이 기대할 수 있는 것이 무엇인지를 알리고 그 다음에는 회사가 그 기대를 항상 성실하게 충족시켜줄 수 있다는 확신을 주는 것이다.

#2 일과 직원에 대한 비전

다음으로 직원들이 어떻게 책임을 감당하고 고객을 섬겨야 하는지에 대한 비전을 개발하라. 직원을 고용하기 전에 직원에 대한 비전을 분명하게 정해 놓는 것이 중요하다.

 그리스도인의 **성공 로드맵**

창문 청소 대행업체의 사장인 질(Jill)의 비전은 모든 서비스 분야에서 '깨끗함'을 보여주는 것이다. 이용 비용은 다소 비싼 편이지만 기회가 될 때마다 고객에게 감동을 주려고 노력한다. 이 회사의 모든 직원은 정해진 유니폼을 입고, 실내에서 일할 때는 고객들의 카펫을 더럽히지 않도록 신발에 덧신을 신도록 했다.

직원을 고용할 때 질(Jill)은 용모와 함께 태도를 평가하고 그들에 대한 기대사항을 분명하게 설명한다. 질은 직원들에게 자기 자신을 소개하는 방법과 예의 바르게 고객을 상대하는 방법을 교육한다. 청소가 끝나면 모든 가구를 제자리에 돌려놓도록 지시한다.

질은 탁월함에 대해 자신과 같은 생각을 가진 사람들을 고용하려고 한다. 성경은 이렇게 말씀한다. "여호와께서 그 마음에 맞는 사람을 구하여"(삼상 13:14 하). 이처럼 당신의 비전을 성실하게 이루어줄 사람들을 채용하여 팀을 구성해야 한다.

오하이오에 있는 앤티크 가구 복원 회사는 고급 앤티크 가구의 복원을 전문으로 한다. 비용은 매우 비싸지만 이 회사는 가구를 뛰어난 작품으로 복원해낸다. 이 회사가 직원에게 기대하는 비전 가운데 하나는 작은 부분에도 세심하게 주의를 기울이면서 인내심을 발휘하는 것이다. 이 회사는 일처리가 빠른 사람보다는 사소한 부분에까지 주의를 기울이고 세심하게 일하면서 회사의 비전을 이루려는 사람을 고용한다.

이 회사의 사장인 스티브는 많은 탁월한 가구 복원 전문가들이 끝까지 인내하지 못하고 흠 있는 부분을 모두 처리하지 않고 표면을 부드럽게 하는 작업도 하지 않은 채 작업을 끝내는 경우를 많이 보았다. 사업을 하면서 스티브는 새로운 기술자들에게 각 제품마다 어떤 유형의 나무를 사용해야 하는지, 그리고 원하는 작품을 얻기 위해 어떤 샌드페이퍼 제품을 써야 하는지를 교육한다. 스티브는 탁월한 복원 작업에 대한 비전을 날마다 직원들과 나누고 있으며, 그 결과 매우 훌륭한 작품을 만들어 내고 있다.

그리고 스티브는 자신의 비전을 잠재 고객들에게 홍보한다. 스티브는 가능성 있는 고객들을 자신있게 회사로 초청한다. 그러면 그 고객들은 모든 가구를 집중해서 살펴본다. 그후에 고객들은 확신을 가지고 그들이 가보로 여기는 귀한 18세기 가구를 복원하기 위해 맡기게 된다.

사우스웨스트 항공사는 비행기가 모든 공항에서 정해진 시간에 이·착륙하는 것을 목표로 한다. 최고경영자는 항공사가 돈을 벌기 위해서는 비행기가 탑승구에 서 있기만 해서는 안 된다고 생각한다. 승무원과 객실 담당직원, 탑승구 직원 등 모든 직원들은 이 목표를 알고 있다.

그래서 사우스웨스트 항공사는 탁월한 위기관리 능력을 발휘하는 사람들을 고용한다. 승무원들은 교육을 받으면서 회사의 비전을 이루기 위해 행동해야 한다고 배운다. 모든 팀 구성원들은 지시사항, 즉 비

 그리스도인의 **성공 로드맵**

행기를 안전하고 빠르게 이·착륙시켜야 한다는 것을 알고 있다. 하나님은 에스겔에게 이렇게 말씀하셨다. "인자야 내가 네게 보이는 그것을 눈으로 보고 귀로 들으며 네 마음으로 생각할지어다 내가 이것을 네게 보이려고 이리로 데리고 왔나니"(겔 40:4). 하나님께서 에스겔을 꼼꼼하게 가르치신 것처럼, 직원들을 교육할 때도 그래야 한다.

#3 회사 조직에 대한 비전

마지막으로, 사업을 어떻게 경영하고 싶은지에 대한 비전을 개발해야 한다. 예를 들어, 카탈리나 주택건설회사는 고객들이 자기 집에 맞는 가구를 선택할 수 있도록 가구를 배치한 주택모델을 제공한다. 부수적인 주택 선택사항에 대한 가격 리스트와 함께 각각의 가구 모델에 대한 기본적인 가격이 기록되어 있는 안내책자도 준비한다. 고객들은 강한 구매의사를 표현하기 전까지는 간섭 받지 않고 마음껏 둘러볼 수 있다.

이 회사는 그들이 짓는 주택이 홍보를 하지 않아도 팔릴 만큼 훌륭하다고 믿는다. 그래서 판매사원을 많이 고용하기 위해 수천 달러를 투자하기 보다는 그들이 짓고 있는 주택에 투자한다.

한편, 토마스 맞춤형 주택건설회사는 잠재고객들에게 많은 시간을 투자한다. 그리고 직원들은 기본적인 건축 원리와 건축자재, 어려운 지형조건에서의 건축 조건을 이해하고 있어야 한다.

한 지방도시에 있는 패스트푸드 식당은 빠른 서비스와 낮은 가격대로 음식을 제공하는 것을 목표로 한다. 빠른 속도와 효율성을 모든 단계에 적용하고 있다. 이 식당의 분위기와 직원들을 보면 빠른 속도를 중시하는 비전을 알 수 있다.

한 도시에 두 개의 고급 식당이 있는데 둘 다 비슷한 메뉴를 비슷한 가격대로 제공한다. 그러나 식당을 어떻게 경영할 것인지에 대해서는 서로 다른 비전을 가지고 있다. 한 식당은 최신 유행하는 색깔, 빠른 템포의 음악, 테이블 사이를 빠르게 움직이는 직원 등으로 매우 역동적인 분위기를 만들고 있다. 길 건너편에 있는 다른 식당에서는 전형적인 실내장식과 여유 있게 움직이는 직원들 때문에 조용한 분위기를 느낄 수 있다. 두 식당 모두 잘 운영되고 있지만, 식당을 운영하는 방법은 이처럼 전혀 다르다.

월마트의 비전은 낮은 가격으로 물품을 제공하는 것이다. 월마트는 공급자로부터 가능한 한 낮은 가격으로 공급을 받고, 될 수 있는 대로 가장 효과적이면서도 낮은 비용으로 운영을 한다. 월마트는 가격을 인하하고 매장을 효율적으로 만들기 위한 방법으로 정보기술을 이용하기도 한다. 비전을 이루기 위해, 모든 매장에서는 실시간으로 재고 물량을 유지한다. 고객이 샴푸 12개를 구매해서 오전 9시 30분에 재고 물량이 2개밖에 남지 않았다면 즉각적으로 물품주문을 해서 당일에

  그리스도인의 **성공 로드맵**

그 수량이 채워질 수 있도록 한다. 재고를 최소한도로 유지하면서 선반에 물품이 부족하지 않도록 하려는 월마트의 비전은 정보기술로 인해 가능하다.

한 트럭 운송회사도 경쟁력을 위해 정보기술을 도입하려는 계획을 세웠다. 고객들과 직접 의사소통할 수 있는 시스템을 구입하기 위해 막대한 금액을 투자했다. 이 회사의 고객들은 트럭 운송시스템에 직접 접속할 수 있고 짐을 맡기기 위해 자신이 직접 주문을 넣을 수도 있다. 처리되는 모든 과정은 자동화되어 있어 고객들은 온라인으로 각각의 배송상황을 실시간으로 추적할 수 있다. 이 시스템을 설치하고 운영하기 위해서 다소 비용이 비싼 편이지만 고객들은 최신 정보를 얻는 것은 그만큼 대가를 지불할 만한 가치가 있다고 인정한다.

또 다른 운송업체는 가장 낮은 가격대로 서비스를 제공하는 트럭운송업자가 되려는 비전을 가지고 있다. 그 비전을 실행하기 위해서 기회가 될 때마다 가격을 인하한다. 이 운송업체가 선택한 기술체계는 고객들에 대한 서비스를 강화하기보다는 운송업자의 작업 효율성을 향상하기 위한 것이다. 그 결과 다른 회사에 비해 약 15퍼센트 저렴한 가격을 제시하고 있다. 결론적으로 이 두 회사는 모두 성공하고 있다.

＊개인적인 사명선언문과 사업에 대한 비전선언문은 모두 하나님의 말씀과 일치해야 한다.

＊고린도전서는 우리에게 무슨 일을 하든지 하나님의 영광을 위해 하라고 가르친다.

＊뒤로 물러서서 기도하는 마음으로 자신에게 물어보라. "내 비전은 전적으로 하나님을 영화롭게 하고 있는가?"

＊자신에게 물어보라. "내가 계획한 모든 것은 하나님을 기쁘게 하고 있는가?"

＊그렇다면 앞으로 진행하라. 그렇지 않다면, 비전에 대해 다시 생각해보고 조정하라.

＊당신은 새로운 모험을 시작하면서, 하나님의 은혜와 도우심, 지혜와 축복을 가장 잘 받을 수 있는 바로 그 자리에 있기를 원할 것이다.

해야 할 일

1. 제품이나 서비스에 대한 사업 비전을 기록하라.

2. 일과 직원에 대한 비전을 기록하라.

3. 조직에 대한 비전을 기록하라.

4. 이 비전을 실행하고 있는 자신의 모습을 그려볼 수 있는가?

멈추라 : 나는 혼란스럽다.
기다리라 : 내 사명과 비전에 대해 확신하지 못한다.
진행하라 : 내 사업에 대한 분명한 사명과 비전을 가지고 있다.

6장

사업을 어떻게 **시작할 것인가**

사업을 시작하는 데는 세 가지 방법이 있다.

1. 기존의 사업체를 인수하라.

2. 프랜차이즈 가맹점을 운영하라.

3. 처음부터 자기 사업을 시작하라.

각각의 방법에는 모두 장·단점이 있다. 중요한 것은 결정을 내리기 전에 모든 가능성을 신중하게 검토하는 것이다.

선택 1 기존의 사업체를 인수하라

기존의 사업체는 고객 기반, 확고한 인지도, 이미 자리 잡힌 운영 시스템, 그리고 이윤 발생과 자금 흐름에 대한 실적(희망사항이기는 하지만) 등 여러 가지 좋은 장점을 가지고 있다.

일반적으로, 기존의 사업체를 매입하는 일은 위험성이 낮은 편이다. 첫 번째 문제, 즉 그 사업 모델이 효과가 있는지, 그리고 고객층은 형성되어 있는지에 대한 문제는 이미 해결된 셈이기 때문이다.

기존의 사업체를 매입하기로 결정했다면, 아래 사항을 확인해야 한다.

:: 적당한 사업체를 찾으라

어떤 사업체를 인수할 것인지에 대해 도움이 되고 이용할 수 있는 모든 자료를 활용하라. 대부분의 도시에는 현재 매각 대상인 사업체의 목록을 가지고 있는 기업 중개인들이 있다. 이러한 중개인들은 수수료를 청구하는데 대개 5퍼센트에서 15퍼센트 정도이며 판매자 혹은 구매자, 또는 양쪽 모두에게 청구한다. 신문 광고와 부동산 중개인들도 매각 대상 사업체 목록을 취급한다.

:: 목적을 분명히 하라

그 사업체의 목적이 자신에게 맞는 것인지, 그리고 자신이 가지고 있는 기술을 사용할 수 있는 업체인지를 고려하라. 단지 그 사업체가 좋아 보이기 때문에, 혹은 생각한 것 이상으로 이윤을 낼 수 있을 것이라는 생각 때문에 자신의 사명에서 벗어나려는 유혹에 넘어가지 말

라. 이것은 사업체를 선택하는 올바른 동기가 아니다. 자신의 사명을 고집할 때 결국에는 성공하게 될 것이다.

:: 기존의 사업체를 평가하라

관심이 가는 사업체를 발견했다면, 이제 자세하게 평가하는 과정을 시작해야 한다. 다음의 세 가지 분야는 중요하기 때문에 신중하게 검토해야 한다.

1. 서류에 기록된 사항
2. 기업 운영 전반
3. 고객 기반

#1 서류에 기록된 사항을 조사하라

모든 기업은 손익계산서, 현금흐름(cash flow: 일정한 기간 동안에 기업에 유출·유입되는 자금액), 대차대조표, 납세 신고서, 재고 목록 등을 가지고 있으며, 또 가지고 있어야 한다. 이러한 문서를 보면 그 기업이 어떻게 운영되고 있는지를 분명하게 알 수 있다.

재정과 관련된 문서들은 과거에 대한 기록일 뿐만 아니라 미래에 대한 보증이 된다는 것을 기억하라.

 그리스도인의 **성공 로드맵**

:: 손익계산서

손익계산서를 보면, 수입이 있다면 이 사업으로 인해 어떤 방법으로 수입을 올리고 있는지를 알 수 있다. 이 기록에 대해서는 판매자와 함께 항목별로 의견을 나누어 보아야 한다.

한 사업주가 전년도 손익계산서를 보면서 5만 달러의 순수입을 올린 것을 알았다. 하지만 다시 자세히 검토해보니, 사업주와 동업자의 월급이 누락되어 있었다. 이들의 월급이 지출내역에 더해지면, 5만 달러의 수입이 아닌 45,000달러의 적자였다. 이는 매우 큰 차이이다.

또 다른 경우에는, 원래 개인적인 지출인데도 일반적인 사업비 지출 명목으로 묶일 수 있다. 다시 말하지만, 혼동되지 않도록 모든 항목을 자세하게 설명하도록 하라. 판매자가 모든 사항을 극도로 복잡하게 만들고 있다면, 무엇인가를 감추기 위해 '연막작전'을 쓰고 있을지도 모른다.

:: 현금흐름 (cash flow)

현금흐름을 보면 실제로 수익을 올리고 있는 사업인지를 확인할 수 있다. 실제로 수익을 올리고 있지 못하다면, 나중에 힘들어질 것이다.

손익계산서 기록과 현금흐름 사이에 어떤 차이가 있는지를 살펴보라. 예를 들어, 손익계산서에는 10만 달러의 수익이 기록되어 있지만, 현금흐름은 제로일 수 있다. 외상 매출 계정이 10만 달러까지 증가했다면, 그만큼의 돈을 받아내야 한다는 것을 알아야 한다. 수입과 현금 흐름 사이에 차이가 있다면, 그 차이가 어디에서 비롯된 것인지, 그 이유는 납득할 만한 것인지를 확인하라.

:: 대차대조표

대차대조표를 보면 사업상 '순수익' 을 알아볼 수 있다. 이론적으로, 대차대조표 상의 순수익은 그 회사가 보유한 자산에 대한 가격을 반영하는 것이다.

아쉽게도, 대차대조표 때문에 잘못된 판단을 내릴 수도 있다. 어떤 설비(equipment)에 대해서 크게 평가 절하할 수 있는데 사실은 대차대조표에 기록된 금액 이상으로 가치 있는 것일 수도 있다. 반면에 다른 설비에 대해서는 과장된 평가를 내릴 수도 있다. 3개월 전에 2,500달러에 구입한 컴퓨터가 2,200달러의 자산으로 기록될 수 있는데, 사실상 시장에서의 가치는 400달러에 불과하다.

재고목록도 살펴보아야 한다. 나는 맞춤형 창문 공급 업체를 정밀하게 검토하고 현재 물품 목록에 기록된 125,000달러어치의 재고에 대해 의문을 제기한 적이 있다. 나는 이 회사의 모든 작업이 주문을 받아 이루어진다는 것을 알고 있었다. 사실상, 재고목록은 원가로 기록되지만, 재고목록은 맞춤형 상품 주문에 대해 사용할 수 없는 '불량품' 이라고 할 수 있다. 이러한 불량품들이 쌓여서 재고로 기록된다. 사실상, 재고목록에 기록된 125,000달러는 약 15,000달러의 가치 밖에 되지 않는다.

　제품이 오래되었는지 혹은 유행에 뒤처진 것은 아닌지에 대해서 신중하게 점검하라. 그리고 그 내용을 그 물품의 대체적인 전체 처리 기간과 비교하라. 대부분 일반적으로 60일 안에 판매가 되는 경우라면, 120일 이후에도 재고로 쌓여있는 물건은 그 실제적인 가치를 의심해보아야 한다.

　한 미술관이 유명한 예술가가 만든 작품과 액세서리 일체를 구입했다. 어떤 작품은 잘 팔렸지만 다른 작품들은 전혀 팔리지 않았다. 15만 달러어치의 작품 중에서 10만 달러 이상의 작품이 일 년 이상 팔리지 않고 그대로 있었다. 그런 경우에는 재고품을 크게 인하한 가격으로 팔기 위해 내놓거나 아니면 더 이상 그 물건을 들여놓지 않도록 해야 한다.

:: 무형 자산(Intangible Assets)

　무형 자산도 때로는 그 사업체 자산으로 기록된다. 그 지역에서의 영업권과 같은 무형 자산은 정의를 내리기가 어렵고 팔 수 있는 것도 아니다.

　한 보험 대리점이 동업자에게서 최근에 구매한 가격을 근거로 영업권을 75,000달러에 넘기려고 했다. 사람들은 직접적으로 가치가 증명

되지 않은 무형 자산에 대해서 값을 지불하지 않을 것이다.

:: 납세신고서

기업이나 소유주는 납세신고서를 항상 열람할 수 있어야 한다. 납세신고서는 손익계산서와 일치해야 하다. IRS(국세청)에 보고하는 납세신고서는 감사를 받지 않는 재정 보고서보다 조작하는 경우가 일반적으로 드물다.

납세신고서에 기록된 것보다 실제로는 수입이 더 많다고 말한다면 그런 사업체는 경계해야 한다. 예를 들어, 낙농업 매장에 관심이 있는 한 부부가 서류를 검토해달라고 부탁한 적이 있다. 판매자는 그 부부에게 "납세 신고서에는 55,000달러의 수익을 올렸다고 되어있지만, 실제로는 해마나 150,000달러 이상의 수익을 올리고 있습니다. 수익의 일부분을 현금으로 집에 가져가기 때문입니다"라고 말했다. 판매자는 그 부부에게, 아니면 국세청에 거짓말을 하고 있는 것이다. 나는 그 부부에게 거짓말하는 사람과 정말 사업을 같이 하고 싶은지를 물었다.

재정적인 정보에 대해 정직성 또는 성실함이 부족하다면, 모든 상황이 다 좋아 보인다고 해도 그 일을 계속 추진해서는 안된다.

#2 기업 운영 전반을 조사하라

그 기업이 어떻게 운영되고 있는지 전반적인 상황을 이해하라. 몇 가지 사항을 간단히 관찰해보고 직접 조사하면, 실수하지 않고 바람직하지 않은 사업체를 인수하는 일은 없을 것이다.

:: 유지 및 보수

유지 및 보수 작업이 안 된 부분이 있으면 일이 갑자기 많아질 수 있고 추가 비용이 발생할 수 있다. 주위를 잘 둘러보자. 화장실이 더럽다면 유지 및 보수 작업이 필요한 부분들이 더 있음을 알려주는 표시이다. 손쉽게 청소할 수 있거나 페인트칠로 수리할 수 있는 부분이라면 큰 문제가 되지 않는다. 그러므로 좀 더 신중하게 살펴보아야 한다.

나는 매각 대상인 한 기업을 검토하면서 주차장 바닥이 즉시 재포장되어야 할 필요가 있음을 보게 되었다. 더구나 지붕도 새고 있었다. 이렇게 수리비가 많이 드는 부분이 간과되고 있었다. 사업체 매입 계약서에 유지 및 보수 비용이 포함되어 있는지를 확인하라.

:: 법적인 문제

법적인 문제가 발생하면 막대한 비용이 들 수 있다. 거래개선협회(공정 거래를 위한 생산자 단체)에 어떤 불만사항이 접수되어 있는지, 그리고 주목해야 할 법적인 문제는 없는지 살펴보라. 그 사업체를 인수하는데 허가가 필요하다면, 규제 당국에 접수된 불만사항은 없는지 조사해보라.

:: 내적인 성장

내적인 성장은 언제나 가능한 일이다. 자신에게 물어보라. "어떻게 하면 내가 이 사업을 더 가치 있게 만들 수 있을까? 이 사업을 어떻게 하면 더 발전시킬 수 있을까?" 문제가 있음을 알았다면 자신이 해결할 수 있는 문제인지를 확인하라.

나는 매각하려고 내놓은 병원을 검토하면서 결제 시스템이 엉망인 것을 발견했다. 보험 청구가 제대로 처리되지 않아서 매달 수천 달러가 장부에서 삭제되고 있었다. 이 병원을 매입하려던 의사는 자신이 현재 운영하고 있는 시스템으로 이 문제를 쉽게 해결하여 현금흐름을 증가시키고 수익을 올릴 수 있었다.

#3 고객 기반을 조사하라

고객은 어떤 기업에게나 생명줄이다. 그러므로 현재의 인맥을 최대한 이용하기 위해 모든 노력을 기울여야 한다. 소매업 또는 식당 사업에 관심이 있다면 그 분야의 고객들과 이야기를 해보라. 며칠 동안 고

 그리스도인의 **성공 로드맵**

객을 관찰하면서 만족도를 살펴보라. 가능하다면 고객들에게 이 업체에 대해 가장 좋아하는 점과 그렇지 않은 점이 무엇인지를 질문해보라.

:: 매입에 관한 협상

일을 추진하기로 결정했다면, 그 다음 단계는 매입 가격을 협상하는 것이다. 아쉽게도 모든 기업을 아우르는 정해진 공식은 없다. 상대방이 제시한 가격을 자신이 감당할 수 있는지를 잘 고려해야 한다. 예를 들어 어떤 기업을 매입하려고 하는데 그 가격이 자신의 수입 이상이라면 매입이 불가능할 것이다.

회계사는 매입 가격에 대해 약간의 지침을 제시해 줄 수 있다. 그러나 일반적으로 그 사업주가 누구인가에 따라 성공 여부가 직접적으로 결정되는 사업체일수록, 낮은 가격을 제안할 수 있다. 회계사무소나 최고급 레스토랑은 사업주의 기술과 헌신에 따라 전혀 달라질 수 있다. 반면에 잡화점의 경우에는 그 위치와 어떤 물건을 진열하느냐에 따라 성공 여부가 달라진다.

판매자에게 융자를 넘겨받겠다고 한다면, 매입 가격의 30~50퍼센트를 더 인하할 수 있을 것이다. 현금으로 매입하려는 사람도 더 나은 가격으로 협상할 수 있다.

선택 2 프랜차이즈 가맹점을 운영하라

사업을 시작하려는 사람들에게 프랜차이즈는 유리한 점이 많다. 프랜차이즈로 창업하면 다른 사람들의 경험을 통해 도움을 얻을 수 있고, 결과가 보장된 사업 모델을 갖게 된다. 당신과 직원들은 새로운 사업에서 성공할 수 있는 방법에 대해 훈련받게 될 것이다. 턴키 방식(turnkey operation : 완성 인도 방식)에서는, 투자에 대해 높은 수익을 보증해주기 위해 프랜차이즈 가맹점의 위치를 미리 정해 주기도 한다.

:: 자신에게 맞는 일인가

프랜차이즈 가맹점을 운영하는 일에 관심이 있다면, 그 일이 자신의 열정과 능력에 맞는 일인가를 확인하라. 그리고 같은 프랜차이즈 가맹점을 운영하고 있는 사람들을 찾아가서 이야기해보라. 프랜차이즈 본사가 제시해준 참고인 목록에 있는 사람들에게만 전화하지 말고 다른 사람들도 찾아가 보기를 바란다.

한 가지 예로, 내가 프랜차이즈 본사에서 준 자료에 적힌 가맹점에 전화했을 때는 전반적으로 긍정적인 이야기를 들을 수 있었다. 그러나 그 목록에 없는 다른 가맹점에 전화했더니 전혀 다른 이야기를 듣게 되었다. 프랜차이즈 본사가 창업할 때 해주겠다고 설명한 것이 얼마나 사실인지, 가맹점의 관심사에 대해 본사가 얼마나 반응을 보여주는지, 어떤 예기치 못한 문제가 발생하는지, 그리고 예상되는 소득은 정확한지 등에 대해 분명히 알아 두어야 한다.

프랜차이즈 가맹점을 운영하려면, 정해진 방법대로 일하는 것을 즐기는 사람이어야 한다. 맥도날드에 들어서면, 모든 버거, 감자튀김, 샐러드가 정해진 방식대로 항상 똑같이 만들어지는 것을 알 수 있다. 구체적으로 정해진 일의 방식대로만 따라가는 것이 자신의 성격에 맞는지를 판단해야 할 것이다.

:: 프랜차이즈 박람회

전국적으로 프랜차이즈 박람회가 열리는 경우가 많기 때문에 그곳에 가면 가능성을 폭넓게 조사해볼 수 있다. 여행비로 수백 달러 혹은 수천 달러를 쓰더라도 나중에는 더 큰 이익으로 돌아올 수 있다. 다만 박람회에서 계약서에 서명하지 않도록 주의하라. 시간을 두고 검토하고, 나중에 후회하게 될지도 모르는 결정을 성급하게 하지 않도록 하라.

:: 매입 가격

프랜차이즈 가맹점으로 계약할 때, 계약금은 일반적으로 본사에 지불한다. 그리고나서 수입의 일정 부분을 장기간에 걸쳐 지불해야 한다. 대부분의 경우, 자신이 지불하는 만큼 좋은 프랜차이즈에 가입할 수 있다. '값을 적게 지불하는' 프랜차이즈 가맹점 운영자들은 장기적으로 보면 실적이 좋지 않은 경우가 많다. 반면에 기반이 튼튼한 프랜차이즈(예를 들면 맥도날드)는 1만 달러 이상 더 많이 지불해야 하지만 그만큼 더 탁월한 실적을 올릴 수 있다.

사업 가능성을 검토할 때, 총지출 비용을 고려해야 한다. 예를 들어, 계약금은 낮을 수 있지만, 막대한 양의 물품을 사들이라는 요구를 받게 되면 비용이 크게 증가할 수 있다. 또 자신이 지불하는 로열티가 프랜차이즈 본사의 수익이나 총경비로 전부 다 흡수되는지, 아니면 광고, 새로운 상품의 개발, 지속적인 직원 교육 등으로 사업을 위해 재투자되는 금액은 어느 정도인지를 확인해보라.

선택 3 처음부터 자기 사업을 시작하라

처음부터 자기만의 독립적인 사업을 시작한다면 초기 투자비용은 적게 들지도 모른다. 그러나 따라갈 수 있는 증명된 모델이 없기 때문에 실패할 수 있는 위험성도 높은 편이다. 자기만의 독립적인 사업을 시작할 때는 완벽한 비전, 전체적인 사업 체계, 그리고 마케팅 계획을 갖춰야 한다.

정말 자기만의 독립적인 사업을 시작하고 싶다면, 이 책 전체에서 논의되고 있는 모든 단계를 신중하게 따라가야 할 것이다.

 그리스도인의 **성공 로드맵**

생각하기

✳ 시간을 내어 앞으로 며칠 동안 6장에서 얻은 정보를 숙지하라.

✳ 아마도 당신은 타고난 직감으로 자신에게 적합한 사업 유형을 깨달았을 것이다.

✳ 아니면, 지금까지 확신할 수 없었던 내용을 새롭게 생각해보게 되었을 것이다.

✳ 새로운 사업을 시작하는 일은 흥미진진하고 때로는 두려운 과정이기도 하다.

✳ 시간을 두고, 자신의 모든 가능성을 철저하게 생각해보고 최종적으로 선택한 일이 자신의 기술과 열정에 온전하게 맞는지를 확신할 수 있을 때, 최상의 기쁨과 성공을 줄 수 있는 계획을 세울 수 있다.

해야 할 일

1. 프랜차이즈 가맹점 운영이 자신의 성격에 적합한가?

2. 기존의 사업체를 매입할만한 재정과 경험이 있는가?

3. 그렇다면 가능성을 확인해 보았는가?

4. 중요한 질문 목록을 만들고 그에 대한 답을 작성해보라.

5. 자기만의 독립적인 사업을 시작하고 싶은가?

신호등

멈추라 : 내 능력에 맞는, 혹은 내 기질에 맞는 사업 형태를 모르겠다.

기다리라 : 나는 모든 질문에 대답할 수가 없다.

진행하라 : 나는 과제를 다 마쳤고, 내 능력에 맞고 성격적으로도 나에게 적합한 사업 형태를 결정했다.

7장

사업 방식을 **선택하라**

사업을 시작하기 전에, 자신의 필요와 환경에 적합한 사업 방식을 선택해야 한다. 그런 다음에 자신이 선택한 방식에 맞는 세부적인 사항과 절차에 익숙해져야 한다.

사업 방식은 아래의 세 가지 유형 중 한 가지일 것이다.

· 단독 소유권(sole proprietorships)

· 동업, 합자회사(Partnerships)

· 주식회사, 법인(Corporations)

유형 1 단독 소유권

단독 소유권 사업 구조는 가장 간단하면서도 시행하는데 비용이 가장 적게 든다. 너무 복잡하지 않은 사업에 적합한 유형으로, 한 사람

또는 부부가 공동으로 소유하는 경우이다.

:: 사업상의 지출과 개인적인 지출을 구별하라

단독으로 사업을 소유하는 경우에는, 사업상의 지출과 소득에 모두 세금이 부과되고 개인적으로 지불해야 한다. 창업할 때 손실이 있었다면, 세금신고서에서 그 손실을 공제할 수 있다. 개인적인 지출 내역과 사업상의 지출을 분리해야 한다. 오직 사업상의 지출을 위해서만 사용할 수 있는 별도의 예금 계좌와 별도의 신용카드를 유지하는 것이 좋다. 그렇지 않으면, 사업상의 지출과 개인적인 지출이 대책 없이 뒤엉키게 될 것이다.

이것을 분리해야 하는 또 다른 이유는 수익을 올리고 있는지 그렇지 않은지를 분명히 파악하기 위해서이다. 빌(Bill)은 주택 리모델링 사업을 혼자서 하고 있었다. 빌은 트럭에 가스를 넣으면서 사무실 물품과 작업 도구를 함께 구입했다. 그러면서 이 모든 것을 가족 명의로 된 신용카드로 구입했다. 빌이 기록한 내역에 따르면 사업을 하면서 50,000달러의 '수익'을 올리고 있었다. 그러나 신용카드로 결제한 비용을 제하고 나면 '수익'은 30,000달러로 감소한다. 상당한 차이가 생긴다.

단독 소유권자는 어떤 채무관계에서든 개인적으로 자신에게 모든 책임이 있기 때문에, 그에 적합한 한도 내에서 모든 책임을 감당해야

한다. 또한 모든 수익에 대해서 개인적으로 세금을 내야 하기 때문에
분기별로 소득과 자영업에 대한 세금을 정부에 납부해야 한다. 돈을
대출해야 한다면, 대출 가능 금액은 개인적인 신용 정보에 따라 달라
질 것이다(그러나 돈을 빌리는 일은 성경에서 권고하는 사항은 아니다).

유형 2 동업, 합자회사

동업(합자회사)은 가장 일반적인 사업 유형 가운데 하나이다. 그러
나 아쉽게도 가장 성공하기 어려운 유형이기도 하다. 장기간 유지되
는 사업상의 동업 관계는 5퍼센트도 되지 않는다.

> 장기간 유지되는 사업상의 동업 관계는 5퍼센트도 되지 않는다.

지금 동업을 하고 있거나 동업을 생각 중이라면, 그 가능성을 현실
적으로 신중하게 생각해야 한다. 그러나 동업 관계를 형성하고 그 관
계를 유지하는데 있어서 성경적인 원리를 따라간다면, 성공 가능성을
높이고 앞으로 있을지도 모르는 뼈아픈 경험을 최소화할 수 있다.

:: 견고한 기초

그리스도인은 오직 그리스도인과만 동업해야 한다. 사도 바울은 이렇게 기록하고 있다. "너희는 믿지 않는 자와 멍에를 같이 하지 말라 의와 불법이 어찌 함께 하며 빛과 어두움이 어찌 사귀며"(고후 6:14).

서로 힘이 다른 두 마리 황소가 멍에를 같이 매면, 이 두 마리는 원형으로만 움직이게 되어 어디에도 갈 수 없음을 바울은 잘 알고 있었다. 이와 같이 동업자가 서로 다른 가치관을 가지고 있으면 사업상 결정을 내리는 일이 어려울 것이다.

효과적인 동업 관계는 '이해' 라는 확고한 기초 위에 세워진다. 사업상 동업 관계에서 갈등이 생기는 첫 번째 이유는 중요한 문제에 대한 합의가 부족하기 때문이다. 동업 관계에서는, 어떻게 결정을 내릴 것인가에 대해 온전한 성경적인 기초를 마련하는 것이 가장 중요하다. 하나님은 선지자 아모스를 통해 우리에게 질문하신다. "두 사람이 의합지 못하고야 어찌 동행하겠으며"(암 3:3). 사업상의 중요한 문제를 어떻게 해결해 나갈 것인가에 대해 서로 합의하는 것이 미래의 성공을 위한 견고한 기초를 놓는 일이다.

의견 차이로 인한 충돌이 해결되지 않으면 긴장 상태를 유발하게 되어, 정신적인 상처는 입지 않더라도 동업 관계가 흔들리게 될 것이다. 솔로몬 왕은 "교만에서는 다툼만 일어날 뿐이라"(Through presumption comes nothing but strife; NASB)(잠 13:10)고 했다. 어려운 문

 그리스도인의 **성공 로드맵**

제를 논의하는 일은, 사업을 시작하기 전에 해야 한다. 서로 합의한 내용은 문서로 기록하라. 시간이 흐르면 우리의 기억은 혼동되고 왜곡되기 쉽기 때문이다.

:: 합의해야 할 11가지 사항

다음의 11가지 사항은 동업을 시작하기 전에 반드시 합의해야 할 중요한 문제들이다. 시간을 내어 한 가지씩 검토하라. 적절한 평가 없이 일을 추진하게 되면 사업을 그르칠 수도 있다. "부지런한 자의 경영은 풍부함에 이를 것이나 조급한 자는 궁핍함에 이를 따름이니라"(잠 21:5).

#1 목적을 정하라

가장 먼저 사업을 시작하는 목적에 대해 합의해야 한다. 두 명의 건설업자가 동업을 하게 되었는데, 동업자 중 한 명은 리모델링에 초점을 맞추기를 원하는 반면에 다른 한 명은 새로운 주택을 짓고 싶어한다는 것을 나중에 알게 되었다. 미리 철저하게 토론하고 합의했다면 이러한 논쟁은 피할 수 있었을 것이다. 두 사람 모두 귀중한 비전을 가지고 있었지만 서로 다른 비전이었다. 동업자간에 공통적인 비전을 갖지 못하면 어떤 사업이든 주춤하게 될 것이다.

#2 사업을 경영하면서 성경의 권위에 순종하기로 합의하라

하나님은 여호수아에게 지혜로운 조언을 주셨다. "이 율법책을 네 입에서 떠나지 말게 하며 주야로 그것을 묵상하여 그 가운데 기록한대로 다 지켜 행하라 그리하면 네 길이 평탄하게 될 것이라 네가 형통하리라" (then you will have success)(수 1:8).

성경 말씀에 순종할 때 복을 받을 수 있다. 결정, 정책, 사업 경영에 대해 성경의 권위에 순종하기로 동업자와 합의하는 일은 사업을 경영할 때 든든한 기반이 될 것이다.

#3 누가 경영을 담당할 것인지 결정하라

예수님께서는 "한 사람이 두 주인을 섬기지 못 할 것이니"(마 6:24)라고 말씀하셨다. 사업을 할 때도 궁극적으로 두 명의 주인이 있을 수는 없다. 물론 경영을 맡기로 한 동업자에게 순종하기로 합의했다면, 그 나머지 동업자는(혹 동업자들은) 그 경영자가 다른 동업자(들)의 개입과 감정을 무시하지 않고 사업을 효과적으로 이끌어갈 만한 기술, 능력, 기질을 가지고 있다는 확신을 가져야 한다.

 그리스도인의 **성공 로드맵**

#4 동업자 서로에 대한 단·장기적 기대치를 평가해보라

사업이 얼마나 커지기를 원하는지, 동업자들은 각자 어느 정도의 시간을 투자할 것인지, 그리고 그 밖의 중요한 목표와 기준은 무엇인지에 대해 미리 정의하고 합의할 필요가 있다. 그 생각은 시간이 지나면서 바뀔 수도 있지만, 미리 합의해 두지 않으면 분명히 심각한 불협화음이 일어날 것이다.

두 명의 친구와 함께 동업을 시작한 한 젊은 변호사는 많은 변호사를 고용하여 일하는 전국적인 법률회사로 키우고 싶었다. 그러나 그의 동업자들은 단순히 생계를 꾸릴 수 있을 정도로만 일하고 싶어 했다. 양쪽의 기대치는 모두 타당했지만, 양립할 수는 없었다. 그 결과 동업자들은 어느 쪽도 행복하지 못했다.

#5 각자 얼마나 투자할 것인지, 그리고 나중에 돈이 더 필요한 경우에는 어떻게 할 것인지를 분명하게 결정하라

금전적인 투자 문제는 갈등을 일으키는 일반적인 원인이다. 불행히도, 사업을 하면서 부가적으로 계속해서 돈이 더 필요하게 되는 것은 너무나 흔한 일이다. 그리고 동업자들이 더 투자를 할 수 없거나 그럴 의지가 없다면, 그 사업은 문을 닫을 수도 있고 매각시켜야 할지도 모른다. 동업자들이 서로 똑같이 투자한 것이 아니라면, 그 일이 의사결정 과정과 앞으로의 투자에 어떤 영향을 줄 것인지에 대해 미리 결정하고 문서로 기록하라.

동업자가 돈을 투자하는 대신에 자신의 전문적인 기술이나 지식을 투자하는 경우도 있다. 예를 들어, 두 명의 동업자가 식당을 경영하기로 하면서, 한 명은 설비, 광고, 창업비용에 드는 300,000달러를 투자하고, 다른 한 명은 실력 있는 주방장으로서 창업에 참여할 수 있다. 동업자들이 주방장의 '노동에 대한 권리'의 가치를 인정하는 한, 이런 유형의 조합은 가능할 것이다. 그러나 사업을 하면서 계속 더 많은 돈이 필요한 경우 동업자들이 그 일을 어떻게 해결할 것인지에 동의하지 못하면 문제가 발생할 수 있다.

#6 사업계획서를 작성하라

예수님께서는 "너희 중에 누가 망대를 세우고자 할진대 자기의 가진 것이 준공하기까지에 족할는지 먼저 앉아 그 비용을 예산하지 아니하겠느냐"(눅 14:28)라고 말씀하셨다. 동업 관계가 성공하기를 원한다면, 사업계획서를 작성하는 일은 어렵지만 반드시 필요한 일이다. 효과적인 사업계획서가 있으면 모든 동업자들이 핵심적인 목적과 목표를 지속적으로 추구하는데 도움이 된다.

#7 수익을 어떻게 분배할 것인지 결정하라

사업을 성장시키기 위해서는 수익의 일정 부분을 반드시 재투자해야 한다. 수익을 어떻게 배분할 것인지에 대해 미리 결정해 두지 않으면 문제가 발생할 수 있다. 한 사람은 모든 수익을 사업을 확장하는데 다시 투자하기를 원하는 반면에 다른 동업자들은 부가적인 소득을 원할 수 있다. 일반적으로 초기 수익은 재투자하고 그 이후의 수익은 분배하는 경우가 일반적이다. 중요한 것은 미리 합의하는 것이다.

#8 일에 대한 책임을 어떻게 나누어 맡을 것인가를 결정하라

사도 바울은 "우리가 한 몸에 많은 지체를 가졌으나 모든 지체가 같은 직분을 가진 것이 아니니"(롬 12:4)라고 기록했다. 개인의 특성에 따른 영적인 목록은 동업자들이 서로 책임을 분담하는데 큰 도움이 될 수 있다. 어떤 기술과 능력이 필요한지를 확인하라. 그런 다음에 적절하게 균형을 맞추어 동업자들의 이름을 기록하라.

세 명의 동업자가 자동차 부품 회사를 창업하면서 효과적으로 리더십을 분배했던 경우를 본 적이 있다. 한 명은 능력 있는 행정가여서 재정과 행정 분야의 경영 담당자가 되었다. 또 한 사람은 생산과 품질 관리에 대한 책임을 맡았다. 나머지 한 사람은 마케팅과 판매를 책임지게 되었다. 각자 가장 효과적인 역할을 맡음으로써 성공적으로 사업을 경영할 수 있었다.

어떤 사업이든 처음 시작할 때는 많은 시간을 투자해야 할 것이다. 동업자들간의 서로 다른 우선순위는 문제를 일으킬 수 있다. 중요한 것은 각자에게 일정한 근무시간을 정해주고, 우선순위의 올바른 순서를 지키게 하는 것이다. 하나님, 가족, 그 다음에 일.

#9 회사의 정책을 세우라

정책이란 그 회사가 항상 해야 할 일과 하지 말아야 할 일을 정리한 것이다. 이러한 정책은 사업과 관련된 모든 결정사항에 기초가 된다. 예를 들어, 고객의 반품에 대한 정책은 무엇인가? 직원 복지 방침은, 가격 구조는, 작업 관리는…. 정책을 문서로 작성해두면 회사가 제 위치를 지키고 일관성을 유지하는데 도움이 될 것이다. 정책은 중요한 문제를 모두 다루어야 하고 하찮은 문제는 언급하지 않아도 상관없다.

#10 사업의 모든 측면을 다루는 일련의 사업 절차를 만들라

사업의 규모에 상관없이 문서로 기록해 놓은 절차(procedure)는 효과적인 운영을 위해 필수적이다. "그 때에 이스라엘에 왕이 없으므로 사람이 각각 그 소견에 옳은 대로 행하였더라"(삿 21:25)라는 말씀도 이와 관련된다.

분명한 절차를 정해 놓지 않으면 일관성 있는 기준을 갖추지 못한 사업체가 될 것이고, 그러면 많은 실수, 더 많은 비용, 일관성 없는 고객 서비스 등의 결과로 이어진다. 정책과 절차가 있을 때 신입사원들이 더 효율적으로 일할 수 있고, 업무량 또는 휴가 등의 문제로 동업자들이 도와줄 필요가 있을 때 결정할 수 있는 지침을 얻을 수 있다. 절차가 정해지면 복사본을 바인더에 끼워서 동업자들과 그 구성원들에게 나눠주어야 한다. '분석 마비 상태'(analysis paralysis)에 빠져 시작도 하지 못하는 것보다는 간단한 절차로 시작한 후에 진행하면서 다듬어 나가는 편이 훨씬 낫다.

#11 어떻게, 그리고 어떤 상황에서 동업 관계를 끝낼 것인지를 미리 결정하라

새로운 사업을 시작한다는 흥분으로, 동업 관계가 허물어질 수 있다는 가능성에 대해서는 아무도 말하고 싶어 하지 않는다. 그러나 그 때가 바로 이 문제에 대해 대화를 나누어야 할 때이다. 결국 모든 동업 관계는 어느 시점에서인가 끝나게 될 것이고, 적절하게 합의를 주고 받지 않으면 심각한 문제가 일어날 수 있다. 그때가 오면 모든 일을 적정한 방법으로 해결할 수 있을 것이라고 지레짐작해서, 이 중요한 문제에 대한 논의를 나중으로 미루지 말라.

:: 현명한 조언을 구하라

동업을 시작하기 전에, 현명한 조언을 구하고 그 말을 들으라. "도략이 없으면 백성이 망하여도 모사가 많으면 평안을 누리느니라"(잠 11:14).

세 가지 관점, 즉 법적으로, 재정적으로, 사업적으로 조언을 구하라. 동업하기로 한 사람들은 각각 친구나 사업에 대한 조언자(자신에 대해 잘 아는 사람)를 찾아서 그들에게 사업계획서와 일에 대한 의무사항을 검토해달라고 요청하고, 일의 준비 상황에 대해 그들의 의견을 들어야 한다. 조언해주는 사람은 사업을 시작하는 사람들이 개인적으로 이 사업에 얼마나 잘 맞는지에 대해서도 피드백을 주어야 한다. 아무리 훌륭한 사업 계획이라도 어떤 성격과는 잘 맞지 않을 수 있다.

또한 결혼한 사람이라면 항상 배우자의 조언을 구해야 한다. 만약 배우자가 이 사업의 모든 약속과 책임에 전적으로 동의하지 않고 이해하지 못한다면 절대로 동업을 시작하지 말라. 사업을 시작하기 전에 동의를 얻을 시간을 갖지 않으면, 나중에 더 큰 대가를 지불하게 될 것이다.

:: 의견을 나누라

일단 사업을 추진하기로 결정하고 사업 계획을 실천하기 위해 적절한 단계를 밟았다면, 다음으로 해야 할 일은 지속적이고 효과적인 커뮤니케이션 체계를 만드는 일이다. 사업을 하다보면, 갈등 상황은 반드시 일어나기 마련이다. 이러한 뜻하지 않은 장애물을 효과적으로 극복하기 위해서 커뮤니케이션은 동업 관계에서 필수적이다.

정기적인 모임 시간을 정하고 커뮤니케이션 통로를 항상 열어두라. 창업 시기에는 매일 브리핑을 하고 검토하는 일이 반드시 필요하다. 일단 사업이 시작되면, 그 전만큼 자주 모임을 갖지 않아도 되지만, 동업자들과 접촉이 끊어지지 않도록 주의하라. 동업자들은 모든 중요한 생산 제품, 고객 서비스, 재정 문제, 또는 개인적인 문제에 대해 논의할 수 있도록 준비하고 있어야 한다. 문제를 논의할 때는, 의사소통과 관련된 문제인지, 의사결정과 관련된 문제인지, 아니면 정보 차원에서의 문제인지를 확인하라.

:: 갈등 해결

갈등을 해결하기 위해서는 마태복음에 기록된 성경의 원칙을 따라야 한다. "네 형제가 죄를 범하거든 가서 너와 그 사람과만 상대하여 권고하라"(마 18:15). 다음으로 문제가 해결되지 않는 경우, "만일 듣지 않거든 한두 사람을 데리고 가서 두세 증인의 입으로 말마다 증참케 하라"(마

18:16)는 말씀대로 하라. 동업자간에 생긴 문제도 이에 포함될 수 있다.

때로 우리는 인간이기 때문에, 그 문제와 연관된 당사자와 정면으로 문제를 해결하기 보다는 다른 사람들에게 불평을 늘어놓고 싶을 때가 있다. 그러나 그렇게 하면 결국에는 서로 불화하게 되고 사기도 잃게 된다.

사업을 시작하기 전에 함께 하기로 약속했던 동업자가 나중에 마음이 바뀔 수도 있다. 그러나 "서원하고 갚지 아니하는 것보다 서원하지 아니하는 것이 나으니"(전 5:5)라고 말씀하셨다. 모든 서원은 지켜져야 하며, 동업을 하기로 합의한 것도 마찬가지이다. 그러므로 약속을 하기 전에, 장기적인 관점에서 모든 의무사항에 대해 신중하게 그리고 충분히 생각하라.

초과근무가 필요한 경우를 포함해서 표준작업량은 바뀔 수도 있고 예상했던 것과 다를 수도 있다. 불가피하게 조정이 필요할 것이다. 사도 바울은 "너희가 짐을 서로 지라 그리하여 그리스도의 법을 성취하라"(갈 6:2)고 말씀했다. 동업자 관계가 성공하기 위해서는 반드시 팀워크 정신이 필요하다. 정기적으로 일의 흐름을 평가하고 필요하다면 조정하라.

:: 효과적인 목표

모든 동업자는 전체 사업 계획에 맞춰서 일에 대한 개인적인 목표를 세워야 한다. 효과적인 목표는 구체적이고 측정 가능하며, 성취 지향적이고, 현실적이며, 시기적절하고, 사업과 관련성이 있다.

대부분의 사람들은 책임지는 것을 싫어한다. 그러나 바울은 디모데에게 "이 모든 일에 전심전력하여 너의 진보를 모든 사람에게 나타나게 하라"(딤전 4:15)고 가르쳤다. 효과적인 동업관계는 투명한 관계로서, 사업의 성공을 위해 서로 책임을 지기로 동의하는 관계가 되어야 한다. 동업은 에베소서 5장 21절에서 결혼에 대해 말씀하신 모델을 반영해야 한다. "그리스도를 경외함으로 피차 복종하라"(엡 5:21).

:: 재정

한 명의 동업자 또는 개인이 재정에 대해 제한 없는 권한을 가져서는 안 된다. 이것은 때로 큰 불행의 원인이 되기도 한다. 네 명의 동업자들이 함께 세운 한 회사가 300,000달러(2년치 수익에 해당하는 금액)의 손실로 어려움을 겪게 되었다. 재정 책임을 맡고 있던 동업자가 기금을 횡령했기 때문이다.

열두 명의 제자들도 재정적인 손실로 어려움을 겪었다. 요한은 유다에 대해서 "저는 도적이라 돈 궤를 맡고 거기 넣는 것을 훔쳐감이러라"(요 12:6 하)고 말했다. 금액이 큰 수표에 대해서는 항상 두 명이 서명하도록 하고 정기적으로 별도의 감사를 받도록 하라.

:: 용서

동업자가 기준에 미치지 못할 때, 성경적인 모델을 따라서 고백과 용서의 마음을 가져야 한다. 우선 우리는 우리의 죄를 서로 고백하고(약 5:16 상), 자신의 허물을 기꺼이 인정하라는 명령을 받았다. 우리는 잘못을 범했을 때 용서를 구해야 한다. 더구나 참된 회개를 위해서는 자백하는 것뿐만 아니라 앞으로의 행동이 변화되어야 한다. 예수님께서는 간음하다가 잡힌 여인에게 "다시는 죄를 범치 말라"(요 8:11 하)고 말씀하셨다.

:: 동업 관계의 종료

어떤 이유에서건, 동업관계를 끝내야 할 때가 있다. 동업자 중 한 명이 동업을 시작하기 전에 했던 약속을 지키지 않거나, 한 사람이 새로운 사업을 하기 위해 다른 도시로 옮길 수도 있을 것이다.

헤어지는 이유에 상관없이, 헤어져야 할 때가 되었을 때 어떻게 해야 하는지 성경은 탁월한 모델을 제시한다. "아브람이 롯에게 이르되 우리는 한 골육이라 나나 너나 내 목자나 네 목자나 서로 다투게 말자 네 앞에 온 땅이 있지 아니하냐 나를 떠나라 네가 좌하면 나는 우하고 네가 우하면 나는 좌하리라"(창 13:8~9).

동업자들이 결정사항에 대해 서로 동의할 수 없을 때 이 방법을 사용할 수 있다. 한 사람이 해결책을 제시하여 다른 동업자들이 인정할

    그리스도인의 **성공 로드맵**

수 있는지를 보는 것이다. 제안을 비교하여 평가할 수 있으면, 어떤 제안을 선택하든 공정할 것이다.

그리스도인들은 어떤 논쟁이 생기면 〈기독교 화해 연구소〉(Institute for Christian Conciliation)가 정해놓은 절차에 따라서 구속력 있는 중재 혹은 조정 활동을 통해 해결하기로 미리 합의를 해두거나, 아니면 피스메이커 사역의 도움을 받는 것을 조건으로 정해두라고 권면하고 싶다. 이렇게 하면 즉각적으로, 정당한 대가를 치르고 그리고 세상의 법률체계를 이용하지 않고도 분쟁을 해결할 수 있다.

유형 3 주식회사, 법인(Corporations)

한 명 이상의 사람들과 주식회사를 설립하는 세 번째 사항을 선택한다면, 지금 동업 관계를 맺는 일에 대해 기록한 평가와 합의에 대한 원리를 똑같이 적용할 것을 권한다.

주식회사를 설립할 때의 유리한 점과 불리한 점을 고려하라.

유리한 점 : 책무(liability)에 있어서 일정한 보호를 받는다.

개인적으로 계약서에 서명하거나 개인적인 보증을 서지 않았다면, 일반적으로 회사의 어떤 부채에 대해서든 개인적으로 책임을 지지 않는다. 그러나 처음에 시작할 때는, 매각인이나 건물 주인이 개인적인 보증을 요구할지도 모른다. 일단 당신이 보증을 서게 되면, 회사가 지불하지 못하는 경우 개인적으로 책임을 져야 할 것이다.

유리한 점 : 지분을 투자자에게 팔 수 있다.

투자받은 돈이 아무리 적더라도, 필요한 모든 보호 법률을 따르고 있는지를 확인할 수 있도록 법적인 조언을 얻으라.

유리한 점 : 사내 유보이익은 세금을 내지 않는다.

사업상 수익금의 일부를 보유하기로 결정한다면, 법인세는 내야 하지만 유보이익에 대해서는 개인적으로 세금을 물지 않는다. 두 명 이상의 사람들이 합자회사를 만들기보다 주식회사를 세운다면, 의사결정은 보유한 주식에 따라 이루어질 수 있다. 세 명의 주주가 주식의 60퍼센트를 가지고 있다면 이들은 주식의 40퍼센트를 소유하고 있는 두 명의 주주에 대해 자신의 의지대로 행동할 수 있다.

불리한 점 : 문서업무를 처리하는데 변호사 비용이 필요하다.

설립된 모든 법인체는 정부와 그 해당되는 주(州)의 모든 법률을 지켜야 한다. 변호사는 세부적인 조항까지 이행하고 있는지를 확인해줄 수 있다.

불리한 점 : 거주하는 주의 법률에 따라 주식회사를 설립하고 계속해서 그 주의 법률을 지켜야 한다.

자신이 살고 있는 주(州)가 아닌 다른 주에서 기업을 하게 되면 복잡한 문제가 생길 수 있다. 예를 들면, 네바다 주에서 기업할 때의 '유리한 점' 에 대해 광고하는 기업이 있다. 대부분의 주(州)는 그 수입을 벌어들인 주에서 소득 신고하고 세금을 내라고 요구한다. 지방세 납부하는 일을 교묘하게 피하기 위해 다른 주에서 기업을 시작하는 일은 일반적으로 불법이다.

불리한 점 : 기업주가 얻은 수익에 대해서, 우선은 회사가 세금을 내고, 그 다음에 또 다시 개인이 세금을 내야 한다.

주의사항 : 주식회사를 세우고 싶은 사람들은 S-Corporation을 선택할 수도 있는데, 이중과세의 문제를 피할 수 있고, 모든 소득과 손실에 대한 세금은 주주 개인에게만 적용된다.

불리한 점 : 동업 또는 단독 소유의 회사보다 주식회사에는 더 많은 조직이 필요하다.

의사록을 기록해야 하고, 관리자와 임원을 선출해야 한다.

기억할 사항 : 다른 사람과 주식회사를 세운다면, 앞으로 발생할지 모르는 문제를 피하기 위해 동업 부분에서 다루었던 지침을 따라야 한다.

생각하기

＊단독 소유, 동업(합자회사) 또는 주식회사 형태 중 어느 것을 선택하든지, 각 형태에 따른 필요한 점, 유리한 점, 불리한 점 등에 주의를 기울여야 한다.

＊또한 당신이 선택한 형식의 회사에 참여하게 되는 사람들의 특성에도 주의를 기울여야 한다.

＊아무리 좋다고 해도, 모든 사업의 형태가 누구에게나 잘 맞는 것은 아니다.

＊많은 경우에 사람들은 자신에게 맞는 사업의 유형을 분명하게 선택할 수 있을 것이다. 그러나 그렇게 분명하지 않을 때도 있다.

＊하나님이 어디로 인도하시는지 알 수 있도록, 시간을 내어 7장을 다시 한 번 천천히, 기도하는 마음으로 읽어보라.

＊하나님께서는 우리가 어떤 일을 결정할 때, 상식적으로 판단하고 필요한 정보를 잘 사용하기를 원하신다.

＊자신의 미래를 위해 최선의 것을 분별하는 일에 능동적으로 참여해야 한다.

해야 할 일

1. 자신에게 맞는 사업 유형을 결정하라.

2. 투자자를 모집해야 하는가? 그렇다면, 자신의 권리 중 일부를 기꺼이 양보할 수 있는가?

3. 사업의 목적과 비전을 실행하기에 가장 적합한 방식으로 결정하라. 개인적으로 좋아하는 방식이 아닐 수도 있다.

신호등

멈추라 : 어떤 유형의 사업이 가장 좋을지 잘 모르겠다.

기다리라 : 어떤 유형의 사업이 가장 좋은지는 알겠지만, 그 이유에 대해서 확신 있게 답할 수 없다.

진행하라 : 어떤 유형의 사업이 나의 필요와 사업 비전에 가장 적합한지를 분명히 알고 있으며 그 이유를 설명할 수 있다.

  그리스도인의 **성공 로드맵**

8장

사업계획서를 **준비하라**

톰은 뛰어난 부동산 판매원이었고, 부동산 중개인으로도 성공적으로 일했다. 이 두 가지 일에서 경험을 쌓으며 20년을 보낸 것이다. 톰은 이 일을 잘 알고 있었고, 가격을 협상하고 거래를 매듭짓는데 뛰어난 능력을 가지고 있었다. 톰은 직접 자기 사업을 시작해야 할 때가 되었다고 생각했다. 톰은 직장을 그만 두고 시내에 사무실을 임대하고 간판을 달고, 자기 사업을 시작했다.

톰은 스타 판매원이 되는 것과 자기가 받은 수수료 중 많은 부분을 회사에 내야 하는 것이 싫었다. 이제 자기 사업을 하게 되면, 수입은 100퍼센트 자기 것이 될 것이라고 생각했다.

톰은 두 명의 직원과 함께 일을 시작했다. 한 명은 접수 및 안내를 담당하고, 한 명은 문서작업을 담당하는 사무직원이다. 톰은 이미 자신이 폭넓은 인간관계를 맺고 있기 때문에 그로 인해 3개월 안에 수익을 올릴 수 있을 것이라고 믿었다. 그러나 4개월 후에도 사업은 부진했고 창업 자금은 거의 바닥이 났다. 들어오는 돈보다 나가는 돈이 더 많았다.

비용을 절감해야 할 때가 되었다. 톰은 접수 담당 직원을 내보내고, 얼마 지나지 않아 사무직원도 내보냈다. 걸려오는 전화는 자동응답기가 받았는데 때로는 상당히 많은 메시지가 전화에 남아있기도 했다. 톰은 모든 일을 혼자 해야 했고 그를 도와줄 수 있는 사람은 없었다. 톰의 예전 고객들이 전화를 해도 예전처럼 제대로 서비스를 받을 수 없었다. 톰은 너무 많은 역할을 혼자서 해야 했다.

톰의 생각에 유일한 해결책은 더 열심히 일하는 것뿐이었다. 낮에는 부동산을 보여주고, 밤에는 인터넷을 검색하고 시장 조사하는 일을 했다. 톰은 하루에 16~18시간을 일하고 일주일 내내 일했지만 그로 인한 소득은 거의 없었다. 더 많은 시간을 일했지만 수입은 계속 줄어들었다. 결국 18개월 만에 톰은 60,000달러의 손실을 입고 결혼생활도 위기에 처한 채 사업을 그만 두게 되었다.

톰의 '계획'에 대한 검토

물론, 우리는 톰과 같은 실수는 하지 않을 것이다. 그렇지만 한 번 검토해보자.

:: 계획서를 작성하지 않음

톰은 필요한 자료를 조사하거나 사업계획서를 문서로 작성하지 않았다. 톰의 '계획'은 기본적으로 그의 머리 안에만 있었고 오직 판매원과 중개인으로서의 경험에만 근거한 것이었다. 톰은 자신이 해야 할 일을 이미 '알고' 있다고 생각했지만, 자신의 꿈을 실현하는데 도움이 되는 정보와 자료를 구체적이고 실행할 수 있는 방법으로 수집하지 못했다.

:: 정보의 부족

부동산 사무실을 개업했을 때 그 첫 번째 달에는 거의 일이 없다는 사실을 톰은 미처 생각하지 못했다. 톰이 이 사실을 알았다면, 처음부터 직원을 채용하지 않았을 것이다. 이 때문에 귀중한 운영 자금 중에서 6,000달러가 빠져나갔다. 처음 30일 동안에는 자신이 확보하고 있는 고객 명단에 적힌 사람들에게 자기가 새로 사무실을 개업했다고 광고하면서 마케팅을 할 수도 있었다. 더구나 톰을 뛰어난 전문가로 생각하는 여러 명의 이웃들이 있었다. 그 지역에 우편물을 발송했다면 시장에서의 입지를 강화할 수 있었을 것이다.

:: 계획을 세우지 않음

신중하게 계획을 세웠다면, 톰은 안내직원을 채용해서 전화를 받는 것 외에 다른 업무를 맡길 수도 있었다. 그렇다면 톰은 사무직원을 채용하지 않고 그 월급을 절약하면서 더 성실하게 고객을 대할 수 있었을 것이다. 또 사무직원을 채용하지 않았다면, 안내직원을 4개월 동안 더 쓸 수 있었다.

:: 대상 고객을 정하지 않음

톰은 광범위한 고객 명단을 가지고 있었고, 과거의 고객들은 아마도 계속해서 일거리를 만들어주었을 것이다. 톰에게는 즉각적으로 수입이 들어오는 통로가 필요했다. 톰은 목표 대상을 정하고 그 대상을 공략해야 했다.

:: 너무 적은 자본금으로 많은 것을 계획한 점

톰은 6개월 안에 수익을 올리고, 30,000달러면 창업비용과 초기 손실을 감당할 수 있을 것이라고 계산했다. 안타깝게도 톰의 계산은 틀렸다. 그리고 충분한 자본이 없었던 것도 톰이 실패한 주요 원인이었다. 톰은 너무 적은 돈으로 너무 많은 것을 계획했다.

무엇보다도 톰은 방향을 제대로 설정하지 않았다. 톰은 어떤 목적을 향해 사업을 할 것인가를 분명히 하지 않았다. 사도 바울은 "그러므

그리스도인의 **성공 로드맵**

로 내가 달음질하기를 향방 없는 것같이 아니하고"(고전 9:26)라고 말했다. 경주할 때 속도도 중요하지만 방향 또한 중요하다. 두 가지 경주에서 동시에 이길 수는 없다. 한 가지 경주를 끝낸 후에 또 다른 경주를 해야 한다. 톰은 방향을 분명하게 설정하지 않았기 때문에, 모든 일을 하려고 애썼지만 되돌아 온 것은 거의 없었다.

계획이 필요하다

성공을 위해 계획하라. 효과적인 사업 계획을 세우면 목적을 분명히 하는데 크게 도움이 될 것이다.

:: 목표를 유지하라

첫째로, 계획을 세우게 되면 목표를 유지할 수 있다. 계획을 세우면 사업상 중요한 우선순위에 시간과 자원을 집중하는데 도움이 된다. 당신이 기대하는 목표, 그 목표에 언제 어떻게 도달할 수 있을지 등을 설명하는 것이 바로 '계획'이다. 잠시 목표를 잊더라도, 곧 제자리로 돌아올 수 있게 된다.

:: 계획을 이해하라

둘째로, 가족들이 그 계획을 이해해야 한다. 배우자와 자녀들도 당

신이 무엇을 목표로 하고 있는지, 그리고 그 목표를 이루기 위해 어떤
계획을 세우고 있는지를 알아야 한다. 어떤 사업이든 처음에 시작할
때는 많은 시간을 그 일에 투자해야 한다. 가족들이 계획을 이해하고
동의할 때 더 협력해 줄 수 있다. 특히 기도로 도와줄 것이다.

:: 계획을 공유하라

셋째로, 계획의 가장 중요한 부분을 직원들에게 설명하고 그 내용
을 공유해야 한다. 그렇게 하면 당신이 목표를 성취하는데 도움이 되
는 방향으로 직원들은 중요한 역할을 해줄 것이다. 예를 들어, 부동산
판매원인 톰은 예전 고객을 최우선순위로 삼아야 한다는 것을 안내직
원에게 한 번도 말하지 않았다. 대신에 예전 고객들의 문의전화는 관
심 없는 사람들이 남긴 여러 통의 메시지에 묻혀버리고 말았다. 확실
한 가능성이 있는 고객들이 최우선순위가 되어야 했다. 또한 회계사,
변호사, 그리고 다른 조언자들에게도 계속해서 상황을 이야기하도록
하라. 그렇게 하면 당신의 계획이 현실적인 목표를 지향하고 있는지
에 대해 조언해 줄 것이다.

효과적인 사업계획서를 작성하고자 할 때는 지나치게 복잡하거나
많은 미사여구로 가득 채울 필요가 없다. 자신과 다른 사람들이 쉽게
이해할 수 있고 실천할 수 있는 것이 좋은 계획서이다. 당신과 당신의
팀이 그 목표를 향해 나아갈 수 있도록 구체적이어야 한다.

그리스도인의 **성공 로드맵**

어떻게 시작할 것인가

많은 사람들이 사업계획서 작성하는 일을 생략하고 싶은 유혹을 받는다. 흥분된 마음으로 필요한 자료를 조사하지도 않고 자신의 꿈이 실제적으로 가능한지를 판단해보지 않고 곧바로 시작하고 싶어한다.

톰의 경우에서 보았던 것처럼, 그렇게 하는 것은 가장 어리석고 처음부터 불행을 자초하는 일이다. 솔로몬 왕은 그런 상황에 대해 이렇게 기록했다. "지혜로운 자는 두려워하여 악을 떠나나 어리석은 자는 방자하여 스스로 믿느니라"(잠 14:16).

1. 사업계획서를 작성하라

가장 먼저 무슨 일이든 시작하기 전에 사업계획서를 작성해야 한다.

2. 계획을 명확히 하라

어떤 유형의 사업(단독 소유, 동업, 또는 주식회사)을 할 것인지를 결정한 후에, 앞으로 그 사업을 어느 규모로 키우기를 원하는지에 대한 분명한 그림을 그리라. 미래에도 여전히 소규모의 개인적인 사업을 하고 있는 자신의 모습이 그려지는가? 아니면 더 큰 시장과 도시로 사업을 확장해나가는 비전을 가지고 있는가? 실질적인 또는 가상의 본사

(headquarter)를 둘 것인가? 무슨 상품을 제공할 것이고, 어떤 제약 조건이 있을 것인가?

당신이 꿈꾸고 있는 사업의 전체적인 모습을 글로 작성해보라. 이 전체적인 그림은 목적선언문과 함께 사업계획서를 작성하는데 필요한 기초가 될 것이다.

3. 목적선언문을 작성하라

목적선언문은 자신의 목적을 한두 문장으로 설명하는 것이다. 공략할 수 있는 틈새시장은 무엇인지, 경쟁업체만큼 혹은 그보다 더 잘하기 위해서 해야 할 일은 무엇인지 기록하라.

목적선언문은 사업하는 내내 목적을 추구하는데 도움이 되고, 한꺼번에 여러 방향으로 일을 진행하지 않도록 인도해줄 것이다. 목적 없이 한꺼번에 너무 많은 일을 하는 것은 일반적인 실패의 원인이다.

좀 더 구체적이 되라

이제 더 구체화할 수 있는 준비가 되었다. 다시 한 번 말하지만, 모든 것을 기록해야 한다. 기록을 하게 되면 중요한 것을 놓치지 않게 되고, 문서로 잘 정리된 계획서를 보면서 객관적이 될 수 있다. 다음 사항은 반드시 기록해야 한다.

 그리스도인의 **성공 로드맵**

1. 무슨 사업을 할 것인가(당신이 제공하게 될 제품과 서비스의 목록을 기록하고 그 방법도 기술하라).
2. 마케팅 대상(가능성 있는 고객을 정의하라. 그 지역에서 필요한 네트워크 목록을 작성하라).
3. 예상되는 활동 범위(매일 해야 할 일에 대한 전체적인 개요를 작성하라. 마음속으로 일상적인 하루를 '그려보라').

이 문제에 대해 생각해보는 시간을 가지고 모든 것을 기록해두면 비전이 명확해지기 시작하고 자신의 꿈 중에서 가능성 있는 부분은 무엇인지, '희망사항'에 불과한 것은 무엇인지를 판단하는데 도움이 될 것이다. 다윗은 이스라엘 백성들과 성전 건축에 대한 비전을 공유했다(역대상 28:2~8). 그리고 그 비전으로 말미암아 아들인 솔로몬은 성전을 건축했다.

활 쏘는 사람은 화살을 쏘기 전에 과녁을 먼저 보아야 한다. 그렇지 않으면 애꿎은 구경꾼은 맞힐 수 있을지 몰라도 과녁은 맞히지 못할 것이다. 어떤 사업을 할 것인지에 대한 분명한 목적이 없다면, 성공할 수 없다. 많은 사람들이 벽을 향해 화살을 쏜 후에 그 화살 주위에 과녁의 정중앙을 그려놓고 승리를 선언한다. 그런 그들의 성공은 계획된 것이 아니라 우연에 의한 것이다.

계획을 세우는 일은 정말 중요하다. 마이크와 도나가 묘목 종묘장을 열기로 계획하면서, 어떤 설비가 예산에 맞을지, 고객에게 편리한지, 상품을 진열할 장소는 충분한지, 물의 공급은 적당한지 등을 조사했다. 이와 함께 큰 나무를 공급해주는 회사를 찾아 그 회사와 거래를 터야 했다. 그리고 고객들이 구매할 수 있도록 특산품인 허브를 충분하게 확보하고 있는지도 확인해야 했다. 이 모든 단계와 이들이 생각했던 일들은 경쟁력을 갖추고 수익을 올리기 위해서 절대적으로 필요한 일이었다.

시장 전략

'꿈꾸고 말하는' 단계에서 현실적인 실행 단계로 이끌어줄 수 있는 전략이 계획에 포함되어야 한다. 그러나 자신의 말을 뒷받침할 수 있는 전략을 세우는 사람은 별로 없다.

자기 사업에 가장 효과적인 전략을 결정하는데 도움이 될 수 있는 여러 가지 연구 분야가 있다. 시간을 두고 각 분야에 대해 조사하고 그 결과를 기록하라.

1. 현재의 시장 규모와 잠재력을 파악하라.
2. 자신이 생각하기에, 자신이 공략할 수 있는 시장 분야는 무엇인지 파악하라.

3. 고객을 모으기 위해 어떤 일을 해야 할지 파악하라.

4. 아래 사항에 대해 어떻게 경쟁요소를 갖추어야 할지를 요약하라.

　　· 가격

　　· 위치

　　· 서비스

서비스를 제공하는 문제에 대한 계획을 생각할 때, 시장에서 최고의 가치가 있는 일이더라도 실행할 수 있는 효과적인 계획을 세우지 못한다면 어떤 결과도 나올 수 없다는 것을 기억하라.

예를 들어, 고급 동양산 양탄자를 취급하는 전문 청소업체에 양탄자를 수거하고 배달하는 사람과 차량이 필요했다. 그런데 사업주가 전 도시에 걸쳐 양탄자를 수거하고 배달하는데 걸리는 시간을 잘못 계산하여 세탁 일은 대부분 밤중에 직접 혼자서 할 수밖에 없었다. 배달하기 위해 필요한 실질적인 비용도 잘못 계산하여 다른 일손을 구할 수 있는 돈을 마련하기까지 하루에 15시간을 일해야 했다.

마케팅 전략의 중요한 네 가지 요점에 근거하여 시장을 조사하고 계획을 작성하게 되면, 당신과 당신에게 조언을 주는 사람들은 실행 가능성을 판단할 수 있을 것이다.

> 경쟁업체를 두려워할 필요는 없지만, 경쟁업체를 이해할 필요는
> 있다.

몇 사람이 동업으로 4천 명이 사는 작은 도시에서 기독교 서점을 열고자 했다. 모든 서비스를 온전하게 제공하는 서점을 운영하기에는 시장 규모가 너무 작았다. 실패할 것이 확실한 서점을 여는 대신에, 소매점을 운영하고 있는 친구와 계약을 맺고 그 가게의 한쪽에 책을 진열해놓기로 하고 그 가게 주인이 계산을 해주기로 했다. 총 경비 절감으로 서점은 성공할 수 있었는데, 모든 서비스를 제공하는 별도의 서점으로 시작했다면 실패할 수도 있었을 것이다.

다시 한 번 말하지만, 심사숙고했던 마케팅의 한 예로 종묘장 사업을 하기 위해 마이크와 도나가 세운 계획을 살펴보자. 잘 꾸며진 조경을 만들기 위해 이용할 수 있는 잘 자란 나무들을 크게 광고하면서, 새로 건축한 집주인들을 대상으로 광고 우편을 발송하기로 마이크와 도나는 계획을 세웠다. 모든 광고는 그들의 경쟁력 있는 요소, 즉 크게 잘 자란 나무들을 제공할 수 있다는 것과 나무 심는 일에 대한 그들의 경력을 주요 내용으로 다루었다. 이와 함께, 가든 클럽과 접촉하여 정원용 허브에 대한 강의를 하기도 했다. 이 강의를 듣고 새로운 고객이 생겨났다.

경쟁업체를 두려워할 필요는 없지만, 경쟁업체를 이해할 필요는 있

 그리스도인의 **성공 로드맵**

다. 골리앗을 대적하게 된 다윗이 "사울에게 고하되 그를 인하여 사람이 낙담하지 말 것이라 주의 종이 가서 저 블레셋 사람과 싸우리이다"(삼상 17:32)라고 말했다. 다윗은 경쟁자인 골리앗에 대해 잘 알고 있었기 때문에 직접 공격하지 않았다. 대신 다윗은 물맷돌을 사용하여 공격하기로 신중하게 계획했다.

경쟁은 우리가 감당해야 할 기회와 위기를 동시에 만들어낸다. 최상의 기회가 왔음을 알게 되면, 현재 진공상태로 비어있는 사업 분야를 공략하기 위해 에너지를 집중할 수 있다.

예를 들어, 한 도시에 수많은 냉난방 업자들이 있었지만 월등하게 우위를 차지하는 회사는 없었다. 이런 유형의 시장에서는 효과적인 홍보 전략을 사용하는 새로운 회사가 성공할 수 있다.

잠재되어 있는 위기보다는 기회에 대해 생각하는 것이 더 흥미로운 일일 것이다. 그러나 어떤 사업이든 어떤 이유에 의해서든 어려운 상황에 직면하기 마련이다. 수년 전에 반즈앤노블(Barnes & Noble) 서점이 약 55,000명이 거주하는 애리조나의 플래그스태프로 이전한다는 계획을 발표했다. 그 발표를 할 당시에, 예전부터 있었던 시내 서점과 가판대는 사람들이 새로운 서점을 이용하지 않을 것이라고 생각했다. 지역 서점은 반즈앤노블 서점이 새로운 건물을 신축하는 18개월 동안 아무것도 바꾸지 않았다. 이 서점 주인은 큰 실수를 한 것이다. 이 서점 주인은 반즈앤노블 서점이 단지 '이 지역 서점이 아니기' 때문에 환영받지 못할 것이라고 생각했다.

그러나 반즈앤노블이 개점한지 일 년만에 시내에 있던 서점은 문을 닫을 수밖에 없게 되었다. 위기상황을 깨닫고 미리 행동을 취하지 못했기 때문이다. 선지자 나훔은 니느웨의 멸망을 예언하면서 미리 준비하라고 경고했다. "너는 물을 길어 에워쌀일 것을 예비하며 너의 산성들을 **견고케** 하며 진흙에 들어가서 흙을 밟아 벽돌 가마를 수리하라"(나 3:14).

당신도 위기상황을 인식하고 행동할 준비를 해야 한다.

조직적인 구조(organizational structure)

앞으로 성장하기 위한 계획을 세우면서 업무분담 조직도(organizational chart)를 활용하면 목표를 이루기 위해 언제, 누구를 고용해야 할지를 결정하는데 도움이 될 것이다.

빌의 사업은 고급 동양산 양탄자와 미국산 양탄자를 세탁하는 일이었다. 빌은 혼자서 많은 시간 동안 일하고 한 명의 직원과 장부정리를 담당하는 아르바이트를 쓰고 있었지만, 사업을 더 크게 확장하려는 계획을 세우고 있었다. 빌은 너무나 많은 일을 혼자서 하고 있었다. 배달부, 양탄자 세탁부, 안내원, 사무실 직원, 구매인, 세탁 감독인 등. 빌은 모든 일을 감당하느라 지쳐가고 있었다.

빌이 업무분담 조직도를 완성하자, 지금은 자신이 대부분의 역할을 다 감당하고 있지만 다음에는 어떤 유형의 사람, 어떤 기술을 가진 사람을 고용해야 할지를 이해할 수 있었다. 업무분담 조직도 덕분에 빌은 더 나은 미래에 대한 희망을 가지게 되었다.

빌의 업무분담 조직도는 아래와 같았을 것이다.

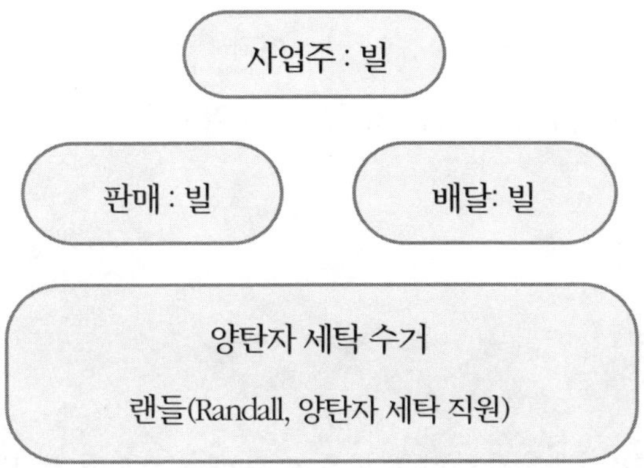

모세는 백성을 애굽에서부터 인도하면서 너무나 많은 역할을 감당하느라 지쳐버렸다. 모세의 장인인 이드로는 백성들의 중요한 문제를 처리할 수 있는 더 나은 방법이 있음을 설명하면서 모세를 질책했다. 조직을 만들어 다른 사람들과 짐을 나누지 않고는, "그대와 함께한 이 백성이 필연 기력이 쇠하리니 이 일이 그대에게 너무 중함이라 그대가 혼자 할 수 없으리라"(출 18:18, 21~22절 참조)고 이드로는 말한다.

모세처럼 조직에 대한 계획을 세울 필요가 있다. 사업을 시작하는

날을 위해서만이 아니라, 앞으로 5년간 사업을 운영할 수 있는 조직도
를 계획해야 한다.

　업무분담 조직도는 자신이 원하는 바에 따라 간단하게 만들 수도
있고 복잡하게 만들 수도 있다. 그러나 사업에 대한 전체적인 큰 그림
을 볼 수 있어야 하고, 앞으로 1년에서 5년 동안 어떤 사업으로 키울
것인지를 보여주어야 한다. 조직화 하는 일은 목표를 이루기 위한 계
획을 세우고 준비하는데 도움이 될 것이다.

　이제, 자기 사업에 필요한 업무분담 조직도를 작성하는 시간을 가
져보자.

재정 계획

　재정 계획도 사업에 대한 계획을 세울 때 기본적인 부분 중의 하나
이다. 재정 계획은 예상되는 소득과 지출을 포함한 손익계산서, 예상
되는 대차대조표, 그리고 예상되는 현금흐름 등으로 이루어질 것이
다. 사업주가 비용을 계산하지 못하고 사업에 필요한 자원을 조달하
지 못하면 사업은 대개 실패하게 된다.

 　　　　　　　　　　　그리스도인의 **성공 로드맵**

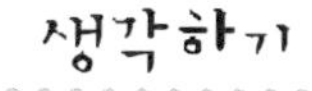

* 무슨 일이든 시작하기 전에는 무엇부터 시작해야 하는지를 분명하게 해야 한다.

* 이것은 예술가, 건축 기술자, 장교, 홈스쿨링을 하는 엄마에게도 적용된다.

* 계획을 잘 세우지 못하면, 일이 지연되고, 낙심, 혼란, 평균 이하의 결과를 낳을 수 있고, 어쩌면 실패를 초래할지도 모른다.

* 사업 계획을 잘 세우게 되면, 확신을 가질 수 있고, 목표에 집중하게 되며, 팀이 지지해주는지를 확인할 수 있고, 조언자들의 정확한 조언을 받을 수 있으며, 성공하기 위한 최적의 환경을 마련할 수 있다.

* 그리고 기억하라. 문서로 기록해 놓은 계획만이 그런 능력이 있다.

1. 계획을 작성하라.

2. 조언자에게 그 계획을 평가해달라고 부탁하라.

3. 성공하기 위해서는, 어떤 일을 언제까지 이루어나가야 하는가?

4. 업무분담 조직도를 작성하라. 혼자하는 사업일지라도, 잘 진행되지
않는 중요한 부분이 무엇인지를 알 수 있게 해준다.

 신호등

멈추라 : 계획을 세우지 않았거나, (아니면) 조언자들이 내가 세운 계획에
대해 많은 결점을 지적했다.

기다리라 : 계획서를 작성했지만, 조언자가 몇 가지 문제점을 제기하며 대
답을 요구했다.

진행하라 : 성공하기 위해 어떤 일을 누가 할 것인지를 명시한 계획서를
작성했으며 조언자도 인정해 주었다.

4부

그리스도인의
성공 로드맵

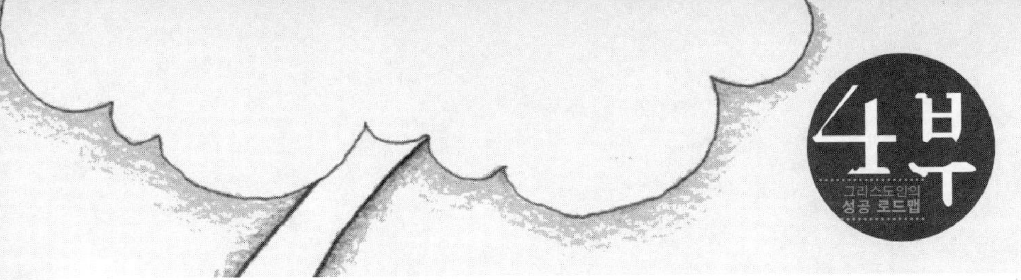

9장 소비자(고객)를 이해하라
10장 필요한 재정을 준비하라
11장 사업장의 위치를 결정하라
12장 설비를 갖추라

사업 시작하기

Roadmap to Success

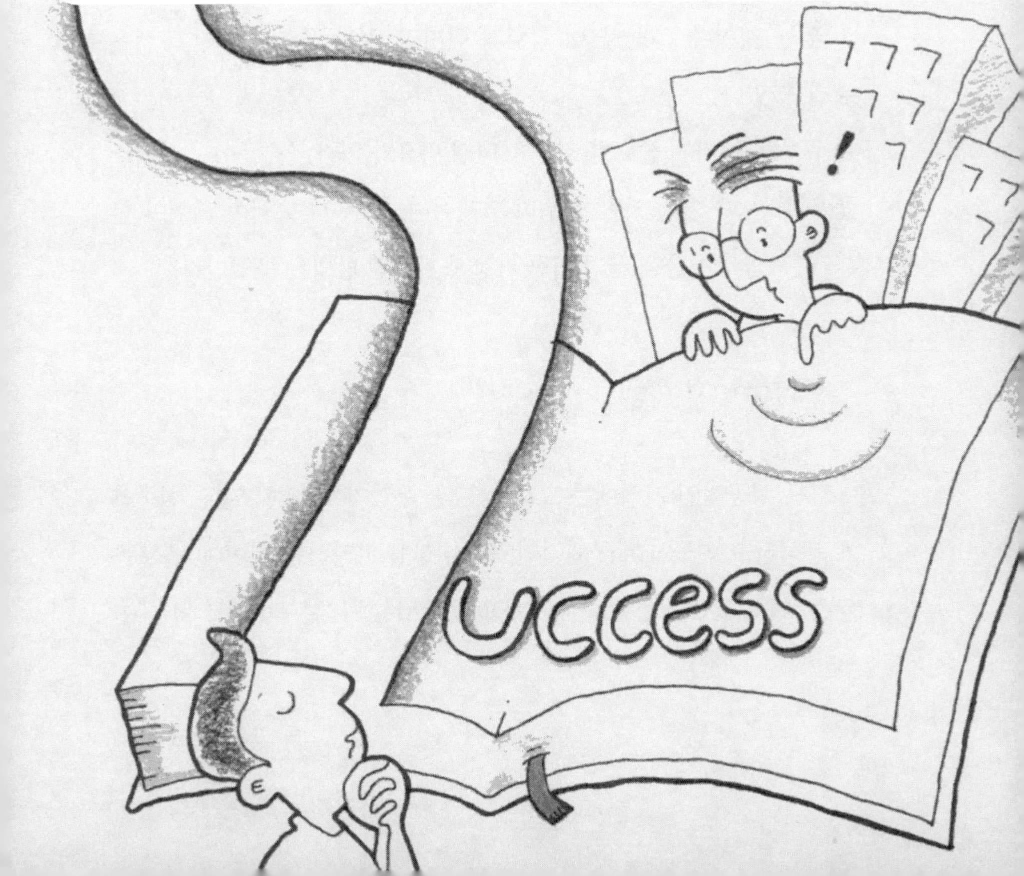

소비자(고객)를 **이해하라**

사업하는 사람들이 할 수 있는 가장 큰 실수 중 하나는 모든 사람을 대상으로 모든 것을 제공할 수 있다고 믿는 것이다. 그물을 너무 넓게 던지면, 정작 붙잡아야 할 고객은 놓칠 수 있다.

우리는 두 가지 중요한 질문을 던질 필요가 있다. "제품이나 서비스를 생각할 때 어떤 사람이 우리 고객이며, 또 우리 고객이 되어야 할까?" "고객의 마음을 끌기 위한 가장 효과적인 방법은 무엇인가?"

시장(market)을 연구하라

모든 성공적인 기업에는 고객이 있다. 우리가 해야 할 일은, 신중하게 분석하고 연구하여 구체적인 목표대상을 파악하는 것이다. 솔로몬 왕은 "지식 없는 소원은 선치 못하고 발이 급한 사람은 그릇하느니라"(잠

19:2)고 말했다.

납세신고서를 전문으로 하는 공인회계사가 회계사가 없는 인구 2천 명의 소도시로 이사했다. 공인회계사는 이 도시에 회계사는 자기밖에 없기 때문에 자기가 모든 일을 다 맡게 될 것이라고 믿었다. 자신이 할 일은 그곳으로 이전하여 사무실을 내는 것뿐이라고 생각했다.

그러나 유감스럽게도 공인회계사는 이 도시에 대해 자세히 조사하지 않는 실수를 범했다. 우선, '2천 명의 고객'은 없었다. 평균적으로 한 가구당 세 명이라고 할 때, 실제로 고객이 될 수 있는 사람은 단지 650명뿐이다. 그 다음에 이 소도시에 살고 있는 대부분의 사람들은 세금신고를 자신이 직접 하기 때문에 공인회계사의 고객이 될 수 없었다. 650명의 '고객' 중에서 단지 175명만이 세금 관련 서비스를 이용했는데 대부분 단순한 업무였기 때문에 서비스 비용도 저렴했다. 2,000명의 '고객' 중에서 공인회계사를 필요로 하는 사람은 단지 35명뿐이었고 이는 사무실을 유지하기에는 너무 작은 시장 규모였다.

미리 시장조사를 했다면, 공인회계사는 이 도시에 세금 관련 서비스가 그다지 필요 없다는 것을 알았을 것이다. 성공하기 위해서는 수 마일 떨어진 인근의 도시까지 사업 대상으로 삼아야 했다. 공인회계사의 세무서는 시작도 하기 전에 실패하게 되어 있었다.

자신의 이미지를 선택하라

자기 사업에 가장 좋은 이미지가 무엇인지를 미리 결정하고 그후에 그 이미지를 성실하게 구축해나가야 한다. 그 이미지는 사업체의 목적과 비전, 목표로 삼은 시장 안에서 자신이 가장 잘 할 수 있는 일과 조화를 이루어야 한다.

시장에서 이미지를 개발하고 유지하기 위해서는, 자신이 선택한 이미지를 반영하는 좋은 제품과 서비스를 일관성 있게 제공하는 것이 매우 중요하다. 잠언 22장 1절은 이렇게 말씀한다. "많은 재물보다 명예를 택할 것이요 은이나 금보다 은총을 더욱 택할 것이니라"(잠 22:1).

할인점이라면 '낮은 가격'으로 물건을 제공해야 하는데, '낮은 가격'이 할인점의 이미지와 상통하기 때문이다. 할인점은 정돈되어 있고 깨끗하고 매우 단순해서 고객들은 자신이 불필요한 부분에 돈을 쓰고 있지 않음을 알 수 있어야 한다. 할인점에서는 상품이 천정까지 쌓여 있는 것을 볼 수 있다. 모든 물건은 대량으로 묶여 있고, 물건을 사서 가지고 갈 때를 제외하고는 그 할인점의 봉지를 하나도 얻을 수 없다. 이 모든 것이 '낮은 가격의 이미지'를 보여준다.

고급 레스토랑에서는 저녁식사 비용으로 30달러를 내야 하지만, 맥도날드에서는 4달러만 내면 된다. 저녁식사 비용으로 어떤 것을 경험하기 원하느냐에 따라서, 식당에서는 당신이 내는 돈에 합당한 가치

 그리스도인의 **성공 로드맵**

를 지닌 식사를 제공할 것이다. 맥도날드는 괜찮은 음식을 준비하되 빠르게 준비하고, 깨끗한 시설에서 제공하면 된다. 고급 레스토랑에서는 한 번 왔던 손님이 또 올 수 있도록, 고급스러운 음식을 준비하고, 잘 차려내고, 고급스러운 그릇에 더할 나위없는 서비스를 제공해야 한다. 각각 자신의 이미지와 상통하는 서비스와 상품을 제공해야 한다.

바더즈(Borders)와 반즈앤노블 서점은 둘 다 대량으로 물품을 갖추어 놓고 있으며, 고급스러운 환경에서 상품과 서비스를 제공한다. 책을 찾고 있으면, 직원이 와서 그 책이 있는 곳으로 곧바로 안내해준다. 편안한 독서 의자에 앉아서 사고 싶은 책의 몇 페이지 정도를 읽어볼 수 있고 그후에 구매를 결정할 수 있다. 커피와 스낵을 파는 쾌적한 매점은 서점의 일부이다. 고객이 최상의 경험을 할 수 있도록 모든 것을 고안해낸 것이다. 물론, 가격은 비싸다.

이제 이 서점들과 북맨(Bookmen) 서점을 비교해보자. 북맨 서점의 특징은 낮은 가격, 도처에 쌓여 있는 책들, 많은 헌책 등이다.

두 가지 이미지 모두 효과가 있다. 중요한 것은 이미지의 일관성을 유지하는 일이다.

목표로 하는 시장의 범위를 구체화 하라

자기 회사의 서비스를 이용하거나 제품을 구입할 가능성 있는 고객들의 숫자를 조사해서 비전을 구체화해야 한다. 가능성 있는 고객이라고 판단되는 사람들에게 마케팅 노력을 집중함으로써, 최상의 효과를 얻을 수 있는 시장을 직접적인 목표로 삼아야 한다.

> 가능성 있는 고객이라고 판단되는 사람들에게 마케팅 노력을 집중하라

모든 사람에게 모든 것이 되려고 노력하는 것, 또는 모든 사람을 자신의 고객으로 삼기 위해 애쓰는 것은 가장 걸리기 쉬운 덫임을 기억하라. 이러한 전략은 자원과 에너지를 너무 광범위하게 사용하기 때문에 비효과적이다.

코너(Conner)는 15년 동안 건축업자로 일했다. 그리고 이제는 디트로이트 교외에서 자기 사업을 시작하고 싶었다. 코너는 우선 누가 고객이 될 것인지를 판단해야 했다. 코너는 자기 혼자서 일해 본 경험이 없었기 때문에, 그에게 맞춤형 주택 건축을 맡기는 사람은 없을 것이라고 생각했다. 또 주택 분야를 제외하고는, 큰 프로젝트를 따올 만한 넉넉한 재정도 없었다.

코너는 건축 허가 상황을 조사해보고 이 지역에서 작년 한 해 동안 1,000건 이상의 증축 허가가 있었음을 알았다. 아직까지 이 사업을 독점하고 있는 업체는 없었다. 코너는 자신이 이 사업의 1퍼센트만 따올 수 있다면 성공할 수 있다고 믿었다. 코너는 자신을 '증축 전문가' 로 홍보하기 시작했다. 그리고 이 분야를 전문으로 하는 회사를 세웠다. 보수작업과 지하층 마무리 작업도 주문을 받았지만, 주된 고객층은 '증축' 과 관련된 사람들이었고 그의 사업은 성장했다.

목표로 하는 시장을 구체화하지 못했다면, 아무것도 이루지 못하고 흔들렸을 것이다.

시장성(market)을 시험해보라

목표로 하는 시장을 일단 정했다면, 일을 추진하기 전에 그 아이디어를 시험해 봐야 한다. 욥은 "입이 식물의 맛을 변별함 같이 귀가 말을 분변하지 아니하느냐"(욥 12:11)라고 말했다. 몇 가지 시험을 해보고 자신의 생각을 검증해달라고 다른 사람들에게 부탁하는 일은 중요하다. 그 시험이 복잡할 필요는 없다.

웬디와 빌은 시내 중심지에 레스토랑을 열고 싶었다. 그들은 현재 영업 중인 식당을 조사해 보았다. 아침 식사 손님은 드문드문 있었고, 점심시간에는 짧은 시간에 손님들이 집중되어 식당들은 허둥지둥하고 있었고, 저녁식사 손님은 아무도 없었다. 웬디와 빌은 그 식당들이 그 지역만 제한적으로 마케팅 대상으로 삼은 것을 보고, 좀 더 외곽지역에 식당을 열었다. 그들이 정한 위치는 사무실이 입주해 있는 빌딩 근처로 아침이나 점심보다는 저녁 식사 주문이 많은 곳이었다. 간단하게 관찰해보는 것만으로도 큰 실수를 피할 수 있었다.

좋은 서비스를 제공하라

사업을 하는 사람들은 모두 가능한 한 최상의 서비스를 제공하려는 마음을 가져야 한다. 자신이 무엇을 제공할 것인지를 결정하고, 그 다음에는 모든 소비자에게, 항상 같은 품질의 제품을 동일하게 제공해야 한다.

영민한 사업가들은 그들이 제공하게 될 서비스의 수준뿐만 아니라 그들이 대상으로 삼은 고객들이 기꺼이 지불할 만한 가격을 결정한다. 예를 들어, 고급 동양산 양탄자를 세탁했던 빌의 경우, 한 평방피트 당 요금이 높은 편이었는데, 그 요금에 수거와 배달 비용이 포함되어 있었기 때문이다.

> 소비자가 기꺼이 지불하려고 하는 서비스의 수준을 발견하라.

소형 양탄자에 대해서는 주문이 많지 않았는데, 소비자들이 배달 요금이 포함된 금액을 내려고 하지 않았기 때문이다. 빌은 가격 정책을 바꾸어서 평방피트 당 가격을 인하하고, 부가 서비스를 원하는 사람들에 한해서 수거 및 배달 요금을 별도로 받기로 했다. 그렇게 하자 작은 양탄자의 경우에는 고객들이 직접 가지고 와서 배달 요금을 아낄 수 있었고, 큰 양탄자를 가지고 있는 사람들도 12×12 크기의 무거운 양탄자에 대해서 기꺼이 배달 요금을 지불했다. 중요한 것은 소비자가 기꺼이 지불하려고 하는 가격대의 서비스가 어느 정도 수준인지를 깨닫는 것이다.

애리조나 플래그스태프에서, 예외적으로 프라임(prime)과 초이스(choice) 등급의 소고기를 판매하던 한 정육점 주인이 저조한 판매 때문에 문을 닫을 상황에 처했다. 이 지역에서는 높은 가격으로 판매되는 양질의 소고기를 선호하지 않았다. 이 지역 소비자들은 일반 슈퍼마켓에서 판매되는 보통 등급의 소고기로 만족하고 있었다. 그러나 부유한 디트로이트 시내에서는 정육점 주인이 하루 종일 프라임 등급의 소고기를 판매한다. 이 지역은 고급스러운 품질의 상품을 선호하기 때문이다.

많은 사람들이 여러 항공사들의 빈약한 서비스에 대해 불평한다. 그러나 사람들이 항공권을 구매하려고 할 때, 95퍼센트의 사람들은 오직 항공권 가격과 스케줄만 고려한다는 것을 알아야 한다. 그 사실을 생각하면, 항공사들이 서비스 수준을 낮추는 것은 놀랄만한 일이 아니다. 소비자들이 서비스에 대한 값을 지불하려고 하지 않을 뿐이다.

합당한 가격을 정하라

실라(Sheila)의 예를 보자. 실라는 사업가로서 자기 제품에 합당한 가격을 매기고 싶었다. 실라는 전체 비용, 제품의 생산 원가, 제공하려는 서비스, 그리고 필요한 사업 수익을 고려했다. 그러나 이런 방법으로 가격을 정하게 되면 현재의 시장 가격과 맞을 수도 있고 맞지 않을 수도 있다.

더 좋은 방법은 시장 가격에 근거한 방법일 것이다. 이제 실라는 소비자들이 지불하려고 하고, 또 지불할 수 있는 가격으로 우선 결정할 것이다. 그런 다음에 그 가격을 유지하기 위해 일할 것이다. 지출은 그 비용 이하로 맞추어야 할 것이다. 시장 가격대로 판매해서 사업을 유지할 수 없다면, 실라는 어쨌든 사업을 시작하고 싶지 않을 수도 있다. 직원의 수, 위치, 비용 등을 조정하기로 선택할 수도 있다. 이것은 모두 성공하기 위한 계획의 일부분이다.

시장 가격을 어떻게 알 수 있을까? 경쟁업체를 살펴보면 당신이 제공하고자 하는 상품이나 서비스 유형의 현재 시장가격에 대한 힌트를 얻을 수 있다. 경쟁업체의 가격과 똑같이 하려면, 소비자들이 당신의 제품을 선택할 수 있도록 부수적인 인센티브를 제공해야 할 것이다. 예를 들어, 위치상 교통이 좋고 더 편리한 곳인가? 더 나은 배달 서비스를 제공할 수 있겠는가? 당신과 경쟁업체간에 실질적인 차이가 없다면, 고객들이 업체를 바꿀 이유가 있을까?

가격이 낮으면 더 많은 고객을 모을 수 있고 사업이 성장하겠지만, 낮은 가격을 유지할 수 있는 정책을 개발해야 할 것이다. 전통적인 방법으로 모든 서비스를 제공하는 부동산 중개업자는 정해진 수수료를 받고 부동산을 판매하는데, 마케팅을 하고, 리스트를 다양하게 작성하고, 주택 전시회를 열고, 결산하는 일도 도와준다. 어떤 부동산 회사는 요금을 낮게 책정하거나 훨씬 저렴한 수수료를 받고 일을 해주는데, 대신 판매자가 몇 가지 일은 스스로 처리해야 한다. 이러한 회사들은 적은 비용에 맞는 서비스를 제공하면서 낮은 가격 전략을 개발한다. 이 두 회사의 전략은 모두 성공적이었는데, 서로 다른 소비자를 대상으로 각기 다른 가격정책을 사용했다.

한 도시에 두 개의 애견 미용실이 있는데, 이들은 서로 다른 고객층을 상대하기 때문에 서로 경쟁할 필요가 없었다. 안나 애견 미용실(Anna' s Grooming)은 저렴한 비용을 선호하는 애견 주인들을 대상으로 한다. 깨끗한 시설에, 대기실에는 작은 중고의자를 구비해 놓고, 잡지도 과월호를 진열해 놓았다. 불필요한 일에는 돈을 쓰지 않았다. 그러나 애견 미용에 대해서는 합당한 가격으로 그 가격에 맞는 서비스를 제공한다.

반면에, 캐논 펫 팰리스(Canyon Pet Palace)는 상류층 애견 주인들에게 서비스를 제공한다. 안내직원은 예약된 고객의 이름을 부르면서 인사를 하고, 잔잔한 음악이 흐르고 있는 개인 대기실로 고객을 안내한다. 애견이 특별한 리본과 향수로 치장되는 동안, 주인들은 기다리면서 음료수와 스낵을 즐긴다. 팰리스에서의 미용 가격은 안나 애견 미용실보다 50퍼센트 정도 비싸지만, 특별한 서비스와 분위기로 고소득층 소비자를 끌어들이고 있다.

시장이 수용할 수 있는 가격을 염두에 두고 개별적인 생산비용을 고려하게 되면, 비합리적인 고객들이 압력을 행사하여 가격을 내리라고 요구하는 일을 방지할 수 있다. 솔로몬 왕은 "사는 자가 물건이 좋지 못하다 좋지 못하다 하다가 돌아간 후에는 자랑하느니라"(잠 20:14)고 말했다.

효과적인 광고

사업을 잘 하고, 보다 나은 서비스와 최상의 제품을 제공한다면, 자동적으로 소비자들이 몰려들 것이라고 생각하는 사람들이 있다. 그러나 그 지역에서 당신이 가장 좋은 것을 가지고 있다고 해도, 그 사실을 알릴 수 있는 방법을 찾지 못하면 사업은 지지부진할 것이다. 광고는

 그리스도인의 **성공 로드맵**

잠재 고객들의 마음을 움직여서, 사람들로 하여금 그 회사나 상점을 찾아오게 하고 물건을 구입하거나 서비스를 이용하도록 만드는 것이다.

아모스서에서는 "창애(trap, 덫)를 땅에 베풀지 아니하고야 새가 어찌 거기 치이겠으며 아무 잡힌 것이 없고야 창애가 어찌 땅에서 뛰겠느냐"(암 3:5)라고 말한다.

덫을 놓으려면, 어떤 덫을 놓아야 할까? 개미, 흰개미, 또는 바퀴벌레를 잡는 덫이 따로 있어서 어떤 해충을 잡을 것인가에 따라 다른 덫을 놓아야 한다. 너구리를 잡는 덫과 비버를 잡는 덫은 완전히 다르다.

이와 비슷하게, 어떤 '덫'과 '미끼'를 사용할 것인가는 소비자의 유형에 따라 달라질 것이다. 소비자를 잡기 위해 덫을 놓는다고 비유하고 싶지는 않지만, 회사가 원하는 유형의 소비자의 마음을 잡을 수 있는 방향으로 회사를 이끌어 가야 한다. 그리고 회사의 비전과 목적, 창조하기로 결정한 이미지에 계속 충실해야 한다.

:: 목적을 정하라

일체의 홍보 과정을 시작하기 전에 우선 광고의 목적을 정하라. 광고를 통해, 잠재 고객의 관심을 끌 수 있는 아이디어나 문구를 전달할 수 있다. 중요한 것은 회사가 원하는 사항과 전달해야 할 내용을 미리 결정하는 것이다. 월마트는 막대한 광고 예산을 쓰고 있지만, 우리가 기억하는 한 문장은 '낮은 가격'(low prices)이다.

:: 전문성을 갖추라

어떤 광고든 가장 중요한 것은 품질이다. 라디오 광고, 이웃에 돌리는 광고 전단지, 또는 어떤 종류의 방송 광고를 준비하고 있든지간에 전문적인 카피, 디자인, 제품에 투자하라. 어떤 기업이 호소력 없는 신문광고에 5천 달러에서 1만 달러까지 쓰는 것을 보고 놀란 적이 있다. 500달러의 비용으로도 전문적으로 디자인된 광고를 만들 수 있다. 그러면 추후 광고에 투자되는 수천 달러가 훨씬 더 효과적으로 쓰일 수 있다.

상당히 많은 광고를 하느라고 전문적인 디자인에 돈을 쓸 수 없다면, 초기 광고에 대한 지출 금액을 줄이고, 전문가에게 광고를 의뢰하는데 그 돈을 투자하라고 권하고 싶다. 제대로 만들지 않은 광고에 돈을 쓰는 것보다는 광고비를 줄이는 편이 훨씬 낫다.

신문이나 라디오 방송국에 '공짜 광고'를 디자인해달라고 맡기지 말라. 처음에 보면 멋있게 보이거나 그렇게 들리는 광고를 빠른 시간 내에 만들어 주기도 한다. 그러나 방송국에서 이 일을 하는 사람들은 하루 종일 광고를 만들어 내는 사람들이다. 당신의 광고도 돋보이기보다는 다른 광고들과 뒤섞이고 말 것이다. 뛰어난 독립적인 디자이너는 투자할만한 가치가 있다.

:: 반복하라, 반복하라, 반복하라

어쩌다가 한번 내보내는 광고는 효과가 없다. 영향력을 갖기 위해서는 효과적인 광고를 계속 방송해야 한다. 사람들은 매일 평균 85개의 광고를 본다고 한다. 한 달이면 2,500개가 넘는다. 어지럽게 흩어져 있는 광고 중에서 특별히 기억되기란 어려운 일이다. 잘 만들어진 광고를 반복해서 지속적으로 내보낼 때 원하는 결과를 얻게 될 것이다.

예산이 한정되어 있다면, 한꺼번에 여러 가지 광고를 동시에 시도하면서 광고비를 낭비하기 보다는 목표 대상을 제대로 정하여 잘 만든 광고 하나를 내보내면서 그것을 뒷받침하는 것이 훨씬 효과적이다. 케이블 TV에서 관심이 가는 광고를 생각해보라. 같은 광고가 반복되고 있음을 알 수 있다. 그 이유는 그것이 바로 효과가 있기 때문이다.

광고를 장기간 유지할 수 없다면, 그 돈을 사업의 다른 분야에 투자하는 편이 나을 것이다.

:: 매체와 방법을 선택하라

각각의 매체는 서로 다른 유형의 사람들에게 효과가 있다. 매체와 방법을 신중하게 선택해야 한다. 아이스스케이트 링크 광고를 '오래된 유행가' 가 흘러나오는 라디오 방송국에 맡기는 것은 분명히 큰 실수이다. 대부분의 지역 신문은 지역광고를 게재한다. 일부분의 지역에만 광고하는데 돈을 쓰는 셈이다. 지역 신문은 특정 지역만을 대상으로 한다.

고객들이 대부분 가까운 거리에서 오는 경우라면, 도시 전체를 대상으로 광고할 필요는 없다. 철물점이라면 〈주택 리모델링〉에 대한 신문 칼럼 옆에, 또는 "솜씨 좋은 사람에게 물어보세요"(Ask the Handy Man)라는 라디오 방송에, 아니면 케이블 TV의 〈가정과 정원〉 채널에 광고하는 일을 고려하면 된다. 고객이 될 만한 사람들을 찾아 개별적으로 광고하기 위해서는 더 많은 돈이 들 수도 있다. 그러나 대상을 정해 놓고 광고하는 것은 그만한 가치가 있다.

나는 사업하는 사람들에게 새로운 고객이 생기면 이 회사에 대해 어떻게 알게 되었는지를 물어보라고 권유한다. 약 3개월 후에, 고객들의 응답을 정리해보라. 어떤 광고는 아무런 소득도 없는 반면에 정말 어떤 한두 가지의 광고는 큰 효과가 있다는 것을 알 수 있을 것이다. 실제적인 결과를 신중하게 평가해보면 효과적인 광고와 그렇지 않은 광고를 알 수 있다.

광고를 시작하기 전에 아래 몇 가지 사항을 염두에 두라.

1. 영업하는 날에만 광고가 나가도록 하라. 휴무일인 일요일에 광고할 이유가 있겠는가?

2. 광고에 많은 내용을 글로 담고 싶다면, '눈길을 끌 수 있는' 뛰어

  그리스도인의 **성공 로드맵**

난 헤드라인을 쓰고 있는지 확인하라.

3. 절대로 경쟁업체를 깎아내리지 말라. 대신에 자신만의 장점을 부
   각시키라.

4. 언제, 어떻게 당신 회사의 서비스를 이용할 수 있는지에 대해 분
   명하게 전달하라. 잘 만들어진 광고인데도 영업시간이나 위치를
   정확하게 설명하지 못하는 경우가 있다.

생각하기

✽광고할 때, 대상 소비자에게 제품이나 서비스(중심 아이디어), 이 제품의 장점 또는 독창성, 그리고 소비자로서 할 수 있는 일을 분명하게 전달하라.

✽이사야 선지자는 "나 여호와가 말하노니 너희 우상들은 소송을 일으키라 야곱의 왕이 말하노니 너희는 확실한 증거를 보이라"(사 41:21)라고 말했다.

해야 할 일

1. 당신의 고객은 누구이며, 누가 되어야 하는가?

2. 소비자의 마음을 끌 수 있는 당신의 장점은 무엇인가?

그리스도인의 **성공 로드맵**

3. 시장에서 당신이 창조해야 할 이미지는 무엇인가?

4. 사람들이 당신과 거래해야 하는 이유를 30초 안에 설명할 수 있는
문서를 작성하라.

 신호등

멈추라 : 어떤 사람을 고객으로 삼아야 하는지 확실히 알 수 없고, 경쟁업
체의 장점도 파악하지 못했다.

기다리라 : 어떤 사람을 고객으로 삼아야 하는지는 알고 있지만, 경쟁업체
의 장점에 대해서는 잘 모른다.

진행하라 : 나의 고객에 대해서, 그리고 경쟁업체의 장점에 대해 확실히 이
해하고 있다.

10장

필요한 재정을 **준비하라**

사업가인 가브리엘의 전화를 받았다. 가브리엘은 도움이 필요하다고 호소했다. "3주 전에 사업을 시작했는데, 돈이 완전히 바닥이 났어."

나는 몇 가지 질문을 통해 가브리엘 부부가 부업으로 집에서 몇 가지 물건을 팔면서 1년에 약 20,000달러를 벌고 있었다는 것을 알았다. 그들은 이제 본업을 그만두고 이 일에 전적으로 뛰어들 때라고 생각했던 것이다.

위험 속으로 뛰어들다

가브리엘 부부는 소매점을 열기 위해 상점 자리를 찾아보고 개인보증으로 5년간 한 달에 4,000달러를 내기로 계약을 했다. 그와 함께 95,000달러의 물품을 구입하고, 가게를 수리하는데 23,000달러를 소비했다. 그리고 진열장과 장비에 37,000달러를 사용했다.

첫 달에 사용한 창업비용은 다음과 같다.

물품	$95,000
임대한 가게 수리	$23,000
진열장	$37,000
월세(2개월분)	$8,000
보증금을 포함한 설비	$3,300
광고	$1,900
회계 및 법적 수수료	$2,700
설비	$900
보험	$3,400
총비용	$175,200

가브리엘 부부는 초기 비용을 아래의 자금으로 감당했다.

저축	$24,000
개인연금	$31,000
두 번째 주택담보대출(집 가격의 110퍼센트)	$64,000
신용카드 현금서비스	$22,000

부모님께 빌린 돈	$45,000
총투자 금액	$186,000

표면상으로는 창업할 당시 여유자금 10,000달러가 있는 것처럼 보인다. 그러나 실제로는 이미 손실을 입고 있었다.

직장을 그만 두면서 매달 월급으로 받았던 5,500달러를 받지 못하게 되었고, 주택을 담보로 훨씬 더 많은 금액을 대출했고, 신용카드 현금서비스에 대해 19퍼센트라는 높은 이자를 내야 한다.

더구나, 매달 지출해야 하는 비용은 그들이 전에 받던 월급과 의료보험을 포함해서 매달 16,000달러로 예상되었다. 예상되는 수익률은 판매 금액의 40퍼센트일 것으로 계산했다. 매달 35,000달러의 매출이라면, 이윤은 14,000달러여서 벌써 2,000달러가 부족하다.

첫 번째 달에 판매 금액은 4,000달러, 두 번째 달에는 5,000달러여서 순수익은 3,600달러뿐이었다. 임대료를 지불할 수 없어서 3개월밖에 운영할 수 없었다. 가브리엘 부부는 200,000달러의 손해를 입은 뒤에 파산을 하고 담보로 잡힌 집도 잃게 되었다. 대부금 회사에 차 두 대를 압류 당하고, 개인연금도 다 잃고, 부모님도 은퇴 저축이었던 45,000달러를 잃게 되었다(가족 관계도 소원해졌다).

비극적인 것은, 가브리엘 부부는 사업을 시작하기도 전에 이미 실패할 운명이었다는 것이다. 치밀한 계획과 든든한 재정이 있을 때 사업

  그리스도인의 **성공 로드맵**

을 진행할 수 있다는 확신을 가져야 한다. 비용을 신중하게 계산하는 일은 어떤 사업을 시작하든지 반드시 필요한 과정이다. 낙천적인 성격을 가진 사람일 수도 있고, 일을 성급하게 추진하고 싶은 사람일 수도 있다. 그러나 치밀한 계획을 세울 때 목표를 따라 움직일 수 있다.

일을 성급하게 시작하기 전에, 재정을 계획하면서 아래의 세 가지 중요한 사항을 신중하게 검토하라.

1) 창업할 때의 비용, 2) 예상되는 수입과 지출 내역, 3) 예상되는 자금의 흐름.

이러한 각각의 사항을 복잡하게 작성할 필요는 없지만 완벽하게 해야 한다.

창업할 때의 비용

아래 목록은 창업비용을 계산할 때 도움이 될 것이다. 어떤 비용은 한 번만 지출하면 되지만, 반복해서 지출해야 하는 비용도 있다는 것을 염두에 두라.

> · 건물 구입비
> · 건물 수리
> · 시설
> · 진열장 시설

· 사무실 설비

· 사무실 기자재

· 문방용품

· 상용 서식

· 임대료

· 시설에 대해 필요한 공탁금

· 간판

· 운송 수단

· 도구

· 전화

· 팩스, 복사기

· 컴퓨터

· 보험(설비, 고용, 자동차)

· 전문가에 대한 운임(회계사, 변호사)

· 필요한 자격증과 허가증

· 직업 연합회 회비

· 정기간행물 구독

· 초기 물품

· 광고

· 사업을 운영하는데 필요한 수취 계정

· 사업을 운영하는데 바로 쓸 수 있는 돈

· 기타

· 임시 비용

임대계약서에 서명하거나 건물을 구입하는 것이 첫 번째 단계이다. 매달 갚아야 할 돈은 쉽게 정할 수 있다. 깨끗한 시설을 얻으려면 돈이 든다는 것을 기억하라. 임대를 하면, 집주인은 자신의 돈을 들여서 페인트칠을 하고, 리모델링을 하고, 더 좋게 수리할 것이다. 그러나 그 비용은 매달 임대료에 포함될 것이다.

공간을 편의에 따라 재구성하려고 할 때는, 필요한 사항을 미리 분명하게 정의하는 일에 초점을 맞추도록 하라. 소매상 소비자를 위한 시설이라면 그런 관점에서 공간을 계획하도록 하라. 생산 또는 서비스 업무를 위한 시설이라면, 효율적으로 운영하는데 필요한 것이 무엇인가에 관심을 기울이라.

일이 효율적으로 되고 있는지를 확인하면서 필요한 일을 잘 헤아려야 한다. 소매상과 레스토랑은 배치를 잘해야 하고, 잘 꾸며놓고, 깨끗하고, 고객이 이용하기에 편리해야 한다. 값비싼 마무리 작업을 하게 되면 비용만 증가될 뿐, 그만큼의 수익은 얻지 못할 수도 있다. 대상으로 삼은 고객이 누구인지를 반드시 염두에 두어야 한다.

손재주가 있고 시간적으로 여유가 있다면, 인테리어를 직접 해보는 것도 생각해보라. 그리고 남는 비용을 다른 곳에 투자할 수 있을 것이다.

실제적으로, 어떤 사업이든 얼마간의 물품을 갖추고 시작해야 한다. 소매상이나 제조업자에게는 더 많은 물품이 필요하겠지만, 서비스업에도 얼마간의 물품이 필요하다. 예를 들어, 전기 기사에게는 필요한 장비를 잘 갖추고 있는 사무실, 그리고 장비를 가지고 다닐 수 있는 서비스 트럭이 있어야 한다. 장비를 가지러 사무실에 자주 들러야 한다면 효율성이 떨어질 것이다.

일에 대한 경험이 있다면, 어느 정도의 물품이 필요한지를 계산하는데 도움이 된다(소매상에서는, 일반적으로 3개월 동안 판매할 수 있는 물품을 갖추고 있어야 한다). 물품을 구입할 때는, 현금이나 신용카드로 환불해 줄 수 있는 업체를 선정하도록 하라. 120,000달러어치의 물품으로 개업한 한 가게가 있었다. 물건의 약 65퍼센트는 상당히 잘 팔렸지만, 남은 35퍼센트는 전혀 판매되지 않았다. 일 년 후에도 약 40,000달러의 재고가 쌓여 있어서 결국에는 손해를 보고 팔 수밖에 없었다. 환불할 수 있었다면, 판매가 되는 물건으로 바꿀 수 있었을 것이다.

물품을 정할 때는, 계속해서 쉽게 제공해줄 수 있는 물품인지를 고려하라. 한 화랑이 양질의 액자와(사진·그림 등에 받치는) 대지(臺紙)를 공급하는 업체를 선정하고 있었다. 최종적으로 두 업체 중에서 선택해야 했는데, 한 업체는 가격이 5퍼센트 정도 낮은 대신에 배달하는데 3~4주가 걸렸다. 그래서 가격은 5퍼센트 정도 비싸지만 다음 날까지 배달해주는 두 번째 업체를 선정했다. 그러자 이 화랑은 20,000달러 이하의 재고품을 구비해놓고 여유 돈을 광고나 다른 용도로 사용할 수 있었다.

 그리스도인의 **성공 로드맵**

창업하고자 하는 사업의 유형에 따라, 신용카드로 인한 지불유예기간을 연장해야 할지도 모른다. 대부분의 소매상에서는, 신용카드와 직불카드를 사용할 수 있도록 하는 것이 효과적일 것이다. 다른 경우에는 청구서를 보내면서 신용에 의한 지불유예기간을 연장할 수도 있는데, 특히 다른 사업체를 고객으로 하는 경우가 그렇다. 한 사무실 청소 업체가 여러 개의 계약을 맺고 일을 시작했는데 총수입은 15,000달러가 될 것으로 예상되었다. 각 거래처에 15일간의 지불 기간을 주고 월말에 청구서를 보냈다. 모든 거래처에서 제 시간에 입금하지 않는다면, 수취계정을 운영하기 위해서는 30,000달러가 필요했다. 그래서 이 금액을 창업 예산에 추가시켜야 했다.

광고는 정말 중요한 것이며 신중하게 생각해야 한다. 처음에 광고에 대한 예산을 세울 때는, 비슷한 유형의 사업을 찾아보고 광고에 얼마의 예산을 쓰고 있는지, 그리고 그 결과는 어떠한지를 조사해보라.

어떤 광고가 효과가 있고, 또 어떤 광고가 효과가 없는지, 그리고 원하는 결과를 얻기 위해서는 얼마나 투자해야 하는지를 알아두어야 한다. 예를 들어, 아이스크림 가게가 교통량이 많은 지역에서 큰 고등학교 건너편에 자리 잡고 있다면, 개업하면서 조금만 광고해도 성공할 수 있을 것이다. 멋있는 간판과 깔끔한 시설을 갖추는 것만으로도 충분하다.

사업의 유형, 복잡한 정도, 위치에 따라 전체적인 광고의 필요조건이 달라질 것이다. 많은 사업가들이 마케팅 투자금액이 어느 정도 필요한지를 정확하게 판단하지 못하고 있다. 이들은 거의 효과가 없는 여러 개의 광고에 돈만 쓰고 있을 뿐이다. 광고는 제품만큼이나 중요하기 때문에, 계획을 잘 세워야 한다.

우연히 또는 계획에 없던 비용이 갑자기 발생할 수 있다. 가장 좋은 방법은 모든 창업비용을 정확하고 세세하게 계산한 후, 그 창업비용에 10퍼센트를 더하는 것이다. 계획에 없는 비용에 대해서도 계획을 세워놓아야 한다. 그래야 예상치 못한 비용 때문에 발목 잡히는 일이 없을 것이다.

예상 수입 및 지출 내역서

예상 수입 및 지출 내역서를 준비하면 여러 가지 중요한 목적을 이룰 수 있다. 첫째로, 창업 전에 필요한 운영 자금이 얼마인지를 결정하는데 도움이 된다. 대부분의 사업은 창업한 후 수익을 올리기까지 대개 일 년에서 삼 년 정도 걸린다. 그 기간 동안 얼마의 자금이 필요할 것인지를 계획해야 한다.

둘째로, 판매와 지출이 계획대로 진행되고 있는지를 판단할 수 있는 다림줄을 개발해야 한다. 계획한 것보다 잘 하고 있다면, 정말 대단하다. 그러나 어긋나기 시작하면, 운영자금이 바닥나기 전에 바로잡

 그리스도인의 **성공 로드맵**

기 위한 조치를 취할 수 있다.

아래의 목록은 흑자인지 적자인지를 판단할 수 있는 방법이 될 것이다. 매달 수치를 계산해서 예상되는 분기별, 연도별 수치로 통합할 수 있도록 준비해야 한다. 매달 일정한 금액으로 지출되는 항목도 있고(예- 임대료), 매달 다른 금액이 지출되는 항목도 있을 것이다(예- 난방비).

- 제조업자에 대한 지불 금액 _________________
- 판매된 상품의 생산 원가 _______________
- 직원 항목 ______________
- 직원 임금 _____________
- 사업주 임금 ______________
- 고용세 ____________
- 사회보장세 ______________
- 의료보험 ____________
- 기타 보험 _____________
- 시설 이용 관련 비용 ______________
- 임대료 ____________
- 대출금 상환 ______________
- 설비 이용비 _____________

· 청소 _______________

· 보수 관리 _______________

· 쓰레기 수거 _______________

· 사무비, 사무용품 _______________

· 기한이 만료된 대부금 상환 _______________

· 수리 및 유지비용 _______________

· 회계 수수료 _______________

· 급료 지불 서비스 _______________

· 은행 수수료 _______________

· 신용카드와 직불카드 수수료 _______________

· 은행 월 수수료 _______________

· 판매세 _______________

· 회수가 불가능한 빚 _______________

· 배달 비용 _______________

· 장비 대여 요금 _______________

· 기타 _______________

· 임시비 _______________

 그리스도인의 **성공 로드맵**

많은 경우에, 사업을 새로 시작한 사업가들은 사업 초기에 판매 실적을 과대평가하는 경향이 있다. 정당하게 평가하기 위해서는 검증된 절차를 조심스럽게 따라가야 한다. 시장을 분석하고, 판매 방법으로 개발할 수 있겠다고 생각되는 일부터 시작하라. 다음으로 처음 광고에서 얻을 수 있는 것이 무엇인지를 현실적으로 검토하라. 이러한 사항들을 생각하면서, 다른 사업가들에게(그들이 다른 분야에서 사업을 하고 있다고 해도) 처음에 어떻게 사업을 추진했는지 물어보라. 다른 사람의 경험을 당신의 판매 실적을 추정할 수 있는 하나의 요인으로 적용하라.

또한 새로운 사업을 추진하기 위해 개발하려고 계획해야 할 부가적인 활동은 무엇인지, 언제까지 무엇을 해야 하는지, 그리고 어느 정도의 수익이 예상되는지 등을 결정하라.

수치를 현실적으로 추정해야 예상 판매액의 기초가 된다. 예를 들어, 난방설비업자가 보일러 엔진 점검을 특별히 49달러에 해주겠다는 홍보 메일을 20,000가구에게 보낼 경우, 그것이 효과가 있다면 0.5퍼센트의 응답을 받게 될 것이다. 그렇게 되면 100명의 고객을 확보하고 첫 수입으로 4,900달러를 얻게 될 것이다. 그리고 추후작업을 통해 부수적인 수입을 얻게 될 것이다.

지출되는 대부분의 비용은 정확하게 예측할 수 있는데, 그것은 지출이 잘 준비된 계획의 일부분일 때 가능한 일이다. 중요한 것은 각 항목을 검토하고 신중하게 예상수치를 계산하는 일이다. 실제 가격, 개인적인 경험, 그리고 다른 사람들의 경험은 다림줄을 놓는데 도움이 된다. 예를 들어, 고객에게 물건을 배달하기 위해 배달 서비스를 이용할 계획이라면, 누가 그 일을 할 것인지를 결정하고 명확한 견적서를 받되 그 견적서 안에 서비스 지역이 어디인가를 분명하게 명시하도록 하라.

임시비용은 예산의 10퍼센트 정도가 되어야 한다. 아무리 계획을 잘 세웠어도 예기치 못한 일은 항상 일어나기 마련이다. 각 지출 내역을 신중하게 살펴보는 것이 핵심적인 사항이다. 그리고 계획한 것보다 더 많이 지출하게 되면 다른 부분에서 비용을 줄이거나 예산을 초과할 수 있다는 사실을 받아들일 준비를 할 필요가 있는데, 이것은 위험한 상황이다.

예상 현금흐름 내역서

현금흐름은 어떤 기업에게든 생명줄이다. 훌륭한 손익계산서 그 이상의 것이 있어야 한다. 수입에서는 긍정적인데 현금흐름에서는 부정적일 수도 있기 때문이다. 손익계산서 상으로는 수익을 올리고 있는 상황에서 부도를 맞게 된 기업들도 있다.

스티브는 고객 기반이 튼튼한 사업체를 100,000달러를 지불하고 매

  그리스도인의 **성공 로드맵**

입했다(그래서 스티브는 자금을 다 써버린 상태이다). 그 사업체의 고객들은 30일까지 지불을 유예할 수 있었다. 만약 고객들이 그 달 말일에 계산서를 받게 되면 다음 30일 안에만 돈을 지불하면 되기 때문에, 스티브는 한 달간의 현금흐름을 위해 40,000달러 정도가 필요하다는 사실을 미처 깨닫지 못하고 있었다.

현금흐름 내역서에 대한 계획을 세우면서, 공급업체와 협상할 수 있는 지불 조건을 염두에 두어야 한다. 또한 솔로몬 왕의 말을 염두에 두라. 솔로몬 왕은 "네 손이 선을 베풀 힘이 있거든 마땅히 받을 자에게 베풀기를 아끼지 말며"(잠 3:27)라고 말했다. 이행할 수 있는 계약을 맺고, 계약을 맺었다면 그 계약을 반드시 이행하라. 미리 합의된 계약 조건이 아니라면, 필요한 자금을 공급업체에게 요구하는 것은 계약을 어기는 일이다.

현금흐름 내역서에는 아래 사항이 포함되어야 한다.

> · 착수금
>
> · 현금 수입
>
> · 현금 지출
>
> · 직원 항목
>
> · 직원 임금
>
> · 사업주 임금

- 고용세

- 사회보장세

- 의료 보험

- 보험

- 시설 비용

- 임대료

- 대출금 상환

- 설비 이용비

- 청소

- 유지

- 쓰레기 수거

- 사무비, 사무용품

- 기한이 된 대부금 상환

- 수리 및 유지비용

- 회계 수수료

- 급료 지불 서비스

- 은행 수수료

- 신용카드와 직불카드 수수료

- 은행 월 수수료

- 판매세

・회수가 불가능한 빚

・배달 비용

・장비 대여 요금

・기타

・임시비

전체 들어온 자금 : ___________________

사업상 필요한 자금 : ___________________

필요한 금액에서 초과되거나 부족한 금액 : _______________

자금을 어디에서 구할 것인가

사업을 위해 어느 정도의 자금이 필요한지를 판단한 후에는 그 자금을 어디에서 구할 것인지를 결정하라. 때로 사람들은 당장 쓸 수 있는 자금을 가지고 사업을 시작하면서 그 자금을 중심으로 계획을 세운다. 투자금액이 성공하기에 충분하다면 문제는 없다. 많은 사람들이 자금이 부족해서 좋지 못한 위치에서 사업을 시작하거나 아니면 광고에 충분한 돈을 투입하지 못해서, 또는 사업을 추진할 수 없어 결국에는 실패하는 경우도 많이 있다.

대부분의 경우, 사업을 시작하거나 성장시키기 위해서는 얼마간의 자금이 필요하다.

:: 투자자를 통해 자본을 모으는 일

투자자를 모집하여 자본을 모은다면, 고려해야 할 몇 가지 중요한 요소들이 있다.

첫째로, 투자자들은 당신의 계획, 성공, 열심히 노력하는 모습을 포함해서 사업의 모든 면에 대한 정보를 원할 것이다. 누군가에게 자금을 요청할 때 반드시 필요한 것은 온전한 정직함이다. 모세는 "너는 허망한 풍설(false report)을 전파하지 말며"(출 23:1)라고 가르쳤다. 언제라도 모든 것을 솔직히 밝히지 않는다면 허망한 풍설(거짓된 정보)을 전파하는 죄를 범하는 것이다.

새로운 주식이나 채권을 발행하는 회사는 100페이지가 넘는 문서라고 해도 투자자들에게 모든 것을 온전히 공개해야 한다. 간단하더라도 완벽하게 공개해야 한다. 대부분의 투자자들이 위험은 감수할 수 있지만, 거짓된 정보를 처리할 수 있는 투자자는 없다.

둘째로, 투자자들이 투자하는 돈은 빌려주는 것이 아니다. 물론, 투자자들은 사업에 일정 부분 관여하고 장래 수익의 일부분을 받기 원할 것이다. 그러나 대출받은 돈처럼 갚을 필요는 없다.

만약 남에게 의존하기 싫어하고 또 사업을 자기가 통제하고 싶은 사람도 투자자들은 당신의 사업 계획을 알고 이해할 권리를 가지고

 그리스도인의 **성공 로드맵**

있다는 사실을 인정해야 한다. 사실 이런 투자자들 덕분에 계획대로 실행해야겠다는 책임감을 가지게 될 것이다. 그 책임감 때문에 조급해질 수도 있지만, 실제적으로는 매우 큰 도움이 될 것이다.

셋째로, 투자자들은 자신의 투자에 대한 보답으로써 수익의 일부분을 배당받기를 기대할 것이다. 수익이 분배되는 방법에 대한 분명한 합의가 없으면 갈등이 일어날 수 있다. 투자자는 배당금을 원하는 반면에, 사업주는 사업에 재투자할 수 있는 기금을 원할 수 있다. 솔로몬 왕은 "교만에서는 다툼만 일어날 뿐이라"(잠 13:10)이라고 말했다. 수익이나 손실을 분배하는 것과 같은 어려운 문제는 미리 논의하고 합의를 구해야 한다. 다른 사람의 통제를 받아들일 수 없다면, 사업에 투자자를 끌어들이지 말라.

:: 친구들과 가족들에게 요청하여 자본을 모으는 일

친구들과 친척들에게 사업에 투자해달라고 요청하는 일은 은행에서 돈을 빌리는 것보다 좋은 방법일 수 있다. 그러나 여기에도 몇 가지 문제들이 있다('먼 친척'에 대한 좋은 정의는 '당신이 돈을 빌린 가까운 친척'이다).

친척이 투자하는 돈을 받을 때는 그들이 손실을 입을 수도 있다는 사실을 분명히 알려주라. 부모들이 자식의 사업에 퇴직금을 투자하는 경우가 많이 있다. 사업이 실패하면 부모들에게 꼭 필요한 퇴직 수당이 없어지게 된다. 돈을 빌리는 사람의 책임은 그 사람들이 잃어서는 안 되는 돈을 사업에 투자하지 않게 하는 것이다.

:: 대출을 받아 자본을 모으는 일

대출은 자본을 모으기 위해 가끔 이용되는 방법이지만, 많은 돈을 빌려서 사업을 시작하는 일은 추천할 만한 것이 아니다.

돈을 빌리기로 했다면, 고려해야 할 중요한 사항들이 몇 가지 있다.

· 하나님께서 돈을 빌리라고 말씀하신 것은 성경 어디에도 없다. 대신 하나님께서 누군가에게 무엇을 하라고 말씀하실 때는 그 방법도 항상 마련해주셨다.

· 빚은 축복이 아니며 저주이다.

· 빚은 반드시 갚아야 한다.

· 빚을 지게 되면 항상 대가가 따르는데, 바로 '이자' 와 '통제 받는 것' 이다.

· 대출기관은 빚에 대해 즉각적인 상환을 요구할 수 있다.

· 사업상 빚을 얻기 위해서는 보증인을 세워야 할 때가 있다.

성경에 보면, 하나님께서 누군가에게 무엇인가를 명령하실 때는 항상 필요한 것을 준비해주셨다. 하나님이 모세에게 성막을 건축하라는

그리스도인의 **성공 로드맵**

명령을 하셨을 때, 모세는 백성들에게 헌신할 것을 요구했고 결국에는 "있는 재료가 모든 일을 하기에 넉넉하여 남음이 있었더라"(출 36:7)고 기록되어 있다. 다윗은 필요한 재료를 준비해두었고 그의 아들인 솔로몬은 빚지지 않고 예루살렘에 성전을 건축했다. 그것은 매우 큰 사업이었다. 또 다른 예로 노아를 들 수 있다. 노아는 아무에게도 빚지지 않고 방주를 지었다.

성경은 돈을 빌리는 것을 죄라고 말하지는 않지만, 돈을 빌리는 것은 분명히 저주라고 기록하고 있다. 신명기에서는 순종하는 사람들에게 "네가 많은 민족에게 꾸어줄지라도 너는 꾸지 아니할 것이요"(신 28:12)라고 말씀하셨다. 그러나 불순종하는 사람들에게는 "그는 네게 꾸일지라도 너는 그에게 꾸지 못하리니 그는 머리가 되고 너는 꼬리가 될 것이라"(신 28:44)고 말씀하셨다. 사업을 하는 것은 복이 되어야 하고 저주가 되면 안 된다.

더구나 빚은 반드시 갚아야 한다. 다윗은 "악인은 꾸고 갚지 아니하나 의인은 은혜를 베풀고 주는도다"(시 37:21)라고 말했다. 해마다 백만 명 이상의 미국인들이 파산을 선고하는 상황을 성경은 분명히 죄라고 말씀한다.

내 생각으로는, 기업이 돈을 빌리는 것과 개인적으로 돈을 빌리는 것은 서로 다르다. 그러나 어느 쪽이든 빚을 갚지 않으면 죄악의 범주에 속한다. 예를 들어 사업가가 갚을 능력이 없다는 것을 알면서도 신용으로 물건을 주문한다면, 그것은 속이는 것이고 잘못된 것이다.

돈을 빌리는 일에는 항상 대가가 따른다. 이자와 원금을 갚아야 한다는 것이 첫 번째 대가이다. 그뿐 아니라 금융기관은 빌려준 돈을 사용하는 방법에 대해 제한할 수도 있고, 대출이 취소되지 않도록 재정적으로 어떤 목표에 도달하도록 요구하기도 한다. 은행의 대출 계약서에 기록된 세부 사항을 읽어보면 누가 통제권을 가지고 있는지 알 수 있을 것이다. 솔로몬 왕은 "부자는 가난한 자를 주관하고 빚진 자는 채주의 종이 되느니라"(잠 22:7)고 말했다. 그리고 바울은 "다시는 종의 멍에를 메지 말라"(갈 5:1)고 말했다. 우리는 금융기관의 종이 되지 않도록 주의해야 한다.

또 금융기관은 바로 얼마 전에 통보하고 빚에 대한 상환을 요구할 수 있다. 은행이 언제라도 상환을 요청할 수 있다는 조건을 달고 있는 대출도 있다. 돈을 빌리는 사람에게 일정한 의무를 이행할 것을 요구하는 계약 조항이 있는 대출도 있다. 이러한 의무사항을 이행하지 못하면, 대출과 관련된 계약을 이행하지 않은 것으로 간주해서 금융기관은 상환을 요구할 수 있다.

예를 들어 한 친구가 스튜어트(Stewart)에게 사업을 시작할 수 있도록 50,000달러를 대출해 주었다. 한 가지 조건은 순수익이 100,000달러 이하이면 그 대출은 즉각적으로 회수될 수 있다는 것이었다. 그 조건에 따라 순수익을 유지하고 있다는 것을 입증하기 위해서, 스튜어

 그리스도인의 **성공 로드맵**

트는 매달 15일에 그 전달에 대한 재정보고서를 금융기관에 제출해야
했다.

일 년 후에, 친구는 다른 이유로 그 돈을 돌려받기를 원했다. 그리고
마침 스튜어트가 기한에 맞게 보고서를 제출하지 못하자 친구는 대출
을 취소했다. 친구는 대출을 취소하고 즉각적인 상환을 요구할 수 있
는 법적인 권리를 가지고 있었다. 그것이 계약의 일부분이었다. 스튜
어트는 빚을 갚기 위해 사업을 매각할 수밖에 없었다. 하박국 선지자
는 이스라엘 백성들에게 말했다. "너를 물 자들이 홀연히 일어나지 않겠
느냐 네가 그들에게 노략을 당하지 않겠느냐(Will not your creditors rise up
suddenly, and those who collect from you awaken? Indeed, you will become
plunder for them)(합 2:7). 채권자는 가장 나쁜 시기에 홀연히 일어날 수
있다.

마지막으로, 금융기관은 대출에 대한 개인적인 보증인 또는 담보를
요구하기도 한다. 사업에 필요한 돈을 대출 받으면서 개인적인 보증
을 선다는 것은 전 재산을 걸고 그 빚을 갚기로 약속하는 것이다. 은행
이나 금융기관은 빚을 충당하기 위해 집, 자동차, 가구, 저축 등을 차
압할 수 있다. 솔로몬 왕은 "지혜없는 자는 남의 손을 잡고 그 이웃 앞에
서 보증이 되느니라"(잠 17:18)고 말했다. 배우자의 공식적인 동의가 없
이는 어떤 보증도 서지 않도록 하라.

예를 들어 건물이나 사무실을 임대할 때, 건물 주인이 보증인을 요

구할 때가 있다. 장비를 임대해주는 업체도 이와 비슷한 보증을 요구하기도 한다. 보증을 서는 것은 자신의 모든 것을 걸고 그 빚을 갚기로 약속하는 것임을 기억하라.

친구, 가족, 은행, 신용카드회사, 또는 주택 담보 등 어떤 경로로 빚을 얻든지간에 빚은 반드시 갚아야 한다.

:: 개인이 저축한 돈으로 사업을 시작하는 일

개인적인 저축은 사업을 시작할 때 가장 좋은 자금이 된다. 그러나 일반적으로 개인적인 저축은 한계가 있다. 어떤 목적을 위해 돈을 모으려면 자제심, 시간, 개인적인 희생이 필요하다. 솔로몬 왕은 "지혜있는 자의 집에는 귀한 보배와 기름이 있으나 미련한 자는 이것을 다 삼켜버리느니라"(잠 21:20)고 말했다. 저축한 돈을 사업하는 일에 쓰는 것은 온 가족이 함께 결정해야 한다.

어떤 사업을 하든지, 자금을 잃을 수도 있는 위험성이 있다는 사실을 이해해야 한다. 아무도 장담할 수 없다. 사업상의 위험을 분명하게 이해하고, 배우자가 잘 이해한 후 동의하지 않는다면 가족의 돈을 사용하지 않도록 하라.

퇴직금 적립계정도 사업 자본금이 될 수 있지만, 대부분 국세청에 세금을 내야 하고 또 현금으로 인출할 경우 불이익이 있을 수 있음을 염두에 두어야 한다. 집도 자본금을 위해 이용할 수 있다고 생각하지

 그리스도인의 **성공 로드맵**

만, 집을 담보로 돈을 빌리는 것은 빚이라고 생각해야 한다. 그 대신에 집을 팔고 전세를 얻거나 작은 집으로 이사를 해서 남는 돈을 사업 자본금으로 사용하는 방법을 생각해보라. 골동품, 소장품, 오토바이, 보트 등과 같이 수년 동안 수집했던 애장품을 팔아도 현금을 얻을 수 있다.

자신이 저축했던 돈으로 사업을 시작할 수 있다면, 그것이 가장 좋은 방법이다. 결국에는 회사에 대해서나 돈에 대해서 자신이 주도권을 잡을 수 있고, 어떻게 생각하든지간에 그것이 자신에게 유익하다.

생각하기

＊사업을 시작할 때 드는 비용을 알고 있는가?

＊예상되는 수입 내역과 예상되는 지출 내역을 비교해보면 어떠한가?

＊실제로 얼마의 자금이 필요한지 알고 있는가?

＊그 자금을 어떻게 모으려고 하는가?

해야 할 일

1. 사업을 시작할 때 드는 비용을 산출하기 위한 양식을 완성하라.

2. 수입과 지출을 예상하기 위한 양식을 완성하라.

3. 기록한 수입/판매 예상 수치는 어떻게 산출한 것인가?

그리스도인의 **성공 로드맵**

4. 그 목표에 도달하기 위해 무슨 일을 해야 하며 누가 해야 할 것인가?

5. 실제 경험과 현재 가격을 참고하여 비용을 계산했는가?

6. 잘못 계산된 항목에 대해 사용할 수 있는 자금인 예비비를 미리 정
해 놓으라.

신호등

멈추라 : 사용가능한 현실적인 예산안을 작성하지 못했다.
기다리라 : 예산안을 더 보완해야 하지만, 가능성이 있어 보인다.
진행하라 : 조언자들이 타당하다고 인정해준 예산안을 작성했다.

11장

사업장의 위치를 **결정하라**

세스(Seth)와 산드라(Sandra)는 한 작가의 현대적인 작품을 주요 프로그램으로 전시하는 화랑을 열었다. 멋진 그림, 액세서리, 띠벽지 등의 물품도 포함되어 있었다. 그들은 120,000달러어치의 물품을 구입해서 화랑을 열었다. 창업비용으로 다 지불해버리고, 광고를 위해서 떼어놓은 돈도 거의 없는데 한 달에 10,000달러의 지출이 예상되었다. 그들이 정한 자리는 구 도심지로서, 근처에 유명한 아이스크림 매장이 있어서 많은 사람들이 오가는 곳이었다.

문을 열고 6개월 동안, 그들의 월수입은 2,500달러에서 4,000달러 사이로 수지를 맞추기 위한 10,000달러에 비하면 많이 모자랐다. 그들은 해결책을 찾기 위해 나를 만나러 왔다.

근처 아이스크림 매장에 오는 손님들 때문에 세스와 산드라는 이 장소를 선택했었다. 그리고 매달 1,200달러의 임대비용도 적당했다.

그러나 결과로 드러난 것처럼 그 장소가 바로 문제였다. 아이스크림 매장에 오는 손님들은 대부분 여러 명의 어린이들을 데리고 오는 사람들이다. 그래서 화랑 창문으로 들여다보는 사람은 많을지 모르지만 화랑 안에 들어오는 사람은 몇 사람 되지 않고 또 그중에서 몇 명만이 고객이 되었다. 이 화랑은 번화한 거리에 자리하고 있어서 차들이 많이 지나다니기는 하지만 주차할 자리는 별로 없었다. 인근에는 손님을 끌어들이는데 도움이 될 만한 다른 상점도 없었다.

화랑은 물건을 살만한 사람들이 걸어서 올 수 있는 곳에 위치할 필요가 있었다. 자리를 옮기는 것만이 유일한 해결책이었다. 세스와 산드라는 처음에는 화랑을 옮기는 것에 반대했다. 매달 1,200달러의 임대료를 낼 수 있는 곳을 포기하고 싶지 않았던 것이다. 나는 그들이 계속해서 매달 6,500달러의 적자를 내고 있다는 사실을 깨우쳐 주었다.

새로 옮긴 장소는 월 3,000달러의 임대료에, 전보다 약간 협소한 곳이었다. 어쨌든 화랑을 이전했다. 이전 장소에 대한 계약이 끝나지 않아서 임대료를 계속 지불해야 했기 때문에 매달 그들이 지불하는 전체 임대료는 4,200달러이었다. 새로 옮긴 장소는 여러 개의 화랑들과 레스토랑이 모여 있는 곳으로 사람들이 점심 식사나 저녁 식사를 하고 들를 만한 곳이었다.

3개월이 지나자 수지를 맞출 수 있었고, 일 년 동안 매달 평균 2,500 달러의 수익을 올렸다. 매달 6,500달러의 손실을 보던 상황에서 완전히 흑자로 돌아선 것이다. 달라진 것은 장소였다. 예전 장소에 대한 임대료를 내는 것이 조금 부담이 되기는 했지만, 처음부터 올바른 장소를 선택했다면 100,000달러 이상을 아낄 수 있었을 것이다.

장소를 선택하는 방법

세스와 산드라의 경우를 살펴보면서, 그 사업에 적합한 최적의 장소를 선정하는 것이 사업주가 해야 할 가장 중요한 결정사항 가운데 하나임을 쉽게 알 수 있다. 이것은 성공과 실패를 결정짓는 요인이기도 하다. "왕골이 진펄이 아니고 나겠으며 갈대가 물 없이 자라겠느냐"(욥 8:11).

:: 눈에 잘 띄는 것이 중요한지를 판단하라

고객의 시각에서 볼 때 좋은 위치인가를 판단하는 일부터 시작하라. 어떤 사람이 고객이 될 것인지에 대한 비전을 설정하라. 그리고 어떤 곳이 그 고객의 필요에 가장 잘 맞을 것인지를 판단하고 고객의 마음에 회사에 대한 최상의 이미지를 심도록 하라.

걸어서 오는 사람들이 많아야 하는 소매상의 경우에는 눈에 잘 띄는 것이 정말 중요하다. 아이스크림 가게 또는 화랑이 고객을 끌어들이기 위해서는 차를 타고 지나가거나 충동적으로 들를 수 있는 장소에 위치하는 것이 좋다. 반면에 정수기 설비를 판매하는 회사는 이미 그 제품을 찾고 있는 사람들이 고객이 될 것이다.

정수기 회사도 고객과 가까운 곳에 자리하면 좋겠지만, 길거리에서 잘 보이는 곳이라든지 교통량이 많은 지역에 크게 의존하지는 않을 것이다. 따라서 부수적인 비용을 지불하면서까지 좋은 입지를 얻을 필요는 없다.

눈에 잘 띄거나 교통량이 많은 장소를 얻기 위해서는 더 많은 돈을 지불해야 할 것이다. 그러나 그렇게 눈에 띄는 것이 그 사업체에 유리하다면, 적절한 장소에 대해 지불한 비용은 나중에 수익으로 되돌려 받게 될 것이다. 그 지역에 있는 다른 상인들에게 얼마나 성공하고 있는지 물어보라. 그들이 어떻게 일하고 있는지, 그리고 선택할 수 있다면 그 지역에 계속 머무를 것인지 질문해보라. 하루 중 서로 다른 시간대에 그 지역을 관찰하고 교통량의 유형은 어떤지, 어떤 사람들이 언제 지나가는지, 그리고 실제로 어느 정도의 사람들이 상점 안에 들어가는지 등을 기록하라.

부동산업자와 임대중개인은 지나치게 좋은 점만 부각시켜 말할지도 모른다. 그러나 솔로몬 왕은 "어리석은 자는 온갖 말을 믿으나 슬기로운 자는 그 행동을 삼가느니라"(잠 14:15)고 말했다. 모든 주장을 증명할 수 있는 자료를 요청하라. 가능하다면 이전 주인이 누구였는지를 찾아보고 그 지역에서의 경험에 대해 말해달라고 부탁하라.

:: 주변에 경쟁업체가 있는가?

또 하나의 중요한 문제는 경쟁업체 근처에 위치를 정해야 하는가를 결정하는 일이다. 예를 들어서, 요구르트 매장 옆에 아이스크림 매장을 열게 되면 고객을 양분시켜 양쪽 다 손해를 볼지도 모른다. 그러나 화랑의 경우에는 다른 화랑 근처에 위치할 때 유익을 얻을 수 있다. 고객들은 비슷한 업종이 밀집해 있는 곳에 관심을 갖게 되고, 그 결과 방문하는 사람들이 많아지면 판매도 증가하기 때문이다.

:: 이미지를 고려하라

회사 이미지에 맞는 장소와 시설을 선택하라. 비싸고 고급스러운 여성 의류를 전문으로 하는 상점이라면 상류층 지역에 위치하면서 고급스러운 외양을 갖춘 건물이 맞을 것이다. 반면에 값이 저렴한 종이제품을 파는 상점이라면 실제로 '값이 저렴한' 장소를 얻을 때 수익을 올릴 수 있고, 고객의 마음에도 그들이 불필요한 겉치레에 돈을 지불하지 않고 있다는 이미지를 줄 수 있다.

:: 교통 흐름과 주차

교통 흐름의 유형과 이용 가능한 주차 시설을 점검하는 것을 잊어서는 안 된다. 도로로 진입하기 쉬운 곳인가? 너무 많이 정체되는 지역이거나 충분한 주차시설이 없으면 고객들이 찾아오는 일이 줄어들

그리스도인의 **성공 로드맵**

수 있다. 또한 교통 상태에 영향을 줄 수 있는 그 지역의 도로 건설 계획을 확인하라. 앞으로 2년간 파헤쳐질 도로 옆에 상점을 여는 경우도 있다.

전세와 임대 (Renting and Leasing)

최적의 위치를 찾았다면, 가장 유리한 임대 또는 전세 계약 조건을 찾아보아야 한다. 대부분의 건물 주인은 안전하게 장기간 임대를 요구할 것이다. 임대계약서에 서명할 때는 개인 보증도 요구할 수 있다. 주의하라. 매달 3,000달러에 5년간 임대하는 경우에는 일 년이면 36,000달러가 되고 계약 기간 동안 180,000달러가 된다. 그리고 개인 보증을 서는 경우에는 사업이 실패하더라도 그 비용을 갚아야 할 의무가 있다는 것을 의미한다. 그래서 임대의 경우에는 빚을 지는 것처럼 생각해야 한다.

솔로몬 왕의 경고를 기억하라. "빚진 자는 채주의 종이 되느니라"(잠 22:7 하). 협상을 통해 임대 기간을 단축하거나, 아니면 개인 보증 한도를 3개월치 임대료로 제한해달라고 요청함으로써 개인적인 채무를 제한할 수 있다.

:: 건물에 대한 보수 공사

대부분의 주인은 다시 임대를 놓기 위해서 중요한 부분에 대해 보수 공사를 할 것이다. (임대계약서에 서명하기 전에) 주인이 무슨 공사를 할 것인지, 언제까지 할 것인지, 그리고 어떤 기준에 의해 공사를 할 것인지 등에 대해 자세히 알아두도록 하라. 바꾸기로 결정된 부분에 대해 설계도를 요청하고, 무슨 자재를 사용하는지도 구체적으로 파악하도록 하라.

보수 공사에 대한 예산이 누구의 책임인지에 대해 분명히 해두라. 만약 보수공사의 비용을 당신이 감당해야 한다면, 임대 계약이 끝난 후에 그 상태로 남겨두어야 할지에 대해 건물 주인과 미리 합의해서 문서로 기록하도록 하라. 임대가 끝나면 원래의 상태로 되돌려 놓을 것을 요구하는 경우도 있다. 그런 경우에는 비용이 많이 들 수 있다.

일반적으로 건물 주인이 더 많은 비용을 감당할수록, 임대계약서는 더 까다로워질 것이다. 건물 주인이 그 비용을 회수하고 싶어하기 때문이다. 가능하다면 장기간 임대료를 정해 두도록 하고, 같은 값으로 계약하는 것을 조건으로 요구해야 한다. 대부분의 건물 주인은 인플레이션 때문에 약간 오른 가격을 제시하려고 할 것이다.

:: 재정적인 고려

재정에 대해 생각할 때는 임대료 지불 날짜, 세금을 내는 사람에게

그리스도인의 **성공 로드맵**

따르는 불이익, 건물에 대한 보험, 필요한 보수 공사, 설비 및 하수 처리 요금, 협회 회비 등을 포함시켜야 한다. 이러한 각각의 비용에 대해서는 미리 합의를 해야 하고, 예산에 포함시켜야 한다.

:: 임대할 장소에 대한 점검

임대 장소를 점검하는 일은 중요하다. 임대 계약을 하기 전에 주택점검사(home inspector)를 고용하는 문제를 고려해보라. 점검하지 않고 집을 사지 않는 것처럼 상업용 공간을 임대할 때도 같은 조치를 취해야 한다. 철저하게 점검해줄 것을 당부하라.

다음 사항을 고려해야 한다. 계절에 맞게 냉난방 시설을 가동할 수 있는가, 조명은 적당한가, 필요한 만큼 전력이 공급되고 있는가(나중에 전력을 올리는 일은 비용이 많이 들거나 불가능할 수 있다).

:: 주변의 안전

안전한 지역인지, 장기간에 걸쳐 지역의 상황은 어떠한지 등은 반드시 고려해야 할 사항이다. 이 지역에서 있었던 범죄 전력을 그 지역 경찰에게 확인하라. 보험 담당자에게 보험료 율을 확인하라. 보험 담당자는 강도에 대비한 보험이 얼마인지 아니면 이용할 수 없는지 등에 대해 가르쳐 줄 것이다. 또한 그 건물에 화재 위험은 없는지를 신중하게 살펴보고, 화재안전기준에 맞는지를 확인하라.

:: 정부의 허가

어떤 경우에는 정부의 승인이 필요할지도 모른다. 보건당국의 허가를 받아야 한다면 허가를 받고 난 뒤에 임대 계약을 맺으라.

일부 지역에서는 가연성 화학제품을 보관하는 시설에 대해서 소방당국의 승인이 필요하다. 특정구역허가가 필요한 경우도 있다. 상업용 간판도 크기, 색상, 모양, 밝기 면에서 제한될 수 있기 때문에 일을 추진하기 전에 어떤 규제사항이 있는지를 확인해야 한다. 좋은 간판은 사람들의 발길을 끌어들인다.

매입

자금 흐름이 안정된 사업이 아니라면, 사무실이나 공장 자리를 매입하는 일은 일반적으로 좋은 생각이 아니다. 임대료를 지불하는 대신에 매입하는 쪽에 마음이 더 끌릴 수 있지만, 새로 사업을 시작하는 젊은 사업가들은 대부분 광고를 더 하거나 물품을 늘리고, 그 밖에 성공하기 위한 다른 방법으로 그 자금을 효과적으로 사용할 수 있다.

더구나 잘못 매입하면 훨씬 더 많은 비용을 치르게 되고, 그 잘못된 상황을 되돌리기는 임대를 끝내는 것보다 훨씬 더 어렵다. 세스와 산드라가 열었던 화랑의 예를 보면, 그들은 약 30,000달러로 별로 입지가 좋지 않은 장소를 떠날 수 있었다. 개인 소유가 된 건물을 처분하는

 그리스도인의 **성공 로드맵**

일이었다면 훨씬 더 큰 대가를 치르게 되었을지도 모른다.

집에서 창업하는 경우

지난 10년간 컴퓨터 산업의 발전으로 인해 많은 사람들이 자기 집에서 창업을 하고 있다. 집에서 창업하게 되면 일반적으로 전체적인 사무실 경비를 줄일 수 있다. 출·퇴근 시간을 아낄 수 있고, 집중력이 좋은 사람들의 경우에는 효율성이 더 높아진다. 그러나 집에서 일하는 것을 좋아하지 않는 성격을 가진 사람들도 있다. 집에서 일하는 것이 자신에게 맞는지를 판단하기 위해 다른 방법도 심사숙고해야 한다.

월리(Wally)는 로스앤젤레스에서 70마일 떨어진 곳에 살면서 집에서 일을 하고 있다. 월리는 LA 중심지역에 살고 있는 고객을 대상으로 고급 양복과 셔츠를 주문받아 제작하는 일을 한다. 사업이 잘 되어서 월리는 근교에 장소를 얻어 이전할 것을 고려하고 있었다. 그러나 월리는 대부분의 고객들을 그들의 집이나 사무실로 찾아다니는 경우가 많고 집에 이미 적당한 작업실이 있었다. 이 작은 도시에서 길거리에 면한 상점을 내게 되면 일거리는 조금 늘어날지 몰라도 전체 비용은 두드러지게 증가할 수 있었다. 그는 계속 집에서 일하기로 결정했는데, 이것은 현명한 결정이었다.

:: 조례를 검토하라

어떤 제한 규정이 적용되는지를 판단할 수 있도록 그 지역의 조례를 검토하라. 아파트나 콘도 임대 계약서에 기록된 세부 사항, 또는 집에서 사업할 때의 제한사항에 대한 자택 소유자 연합회 규정을 잘 읽어보라. 대부분의 조례와 규정은 집에서 일하는 것은 허용하지만, 그 안에서 직접 판매하는 일, 물건을 적재하는 일, 직원을 두는 일 등은 제한하고 있다. 그래도 그런 일들을 하고 싶고 규제를 피하고 싶은 마음이 든다면, "**각 사람은 위에 있는 권세들에게 굴복하라**"(롬 13:1)는 말씀을 기억하라.

특별한 책임보험이나 재산에 대한 보험이 필요한지를 판단하기 위해 보험 상담원에게 문의하라. 또한 우편사서함 또한 개인 편지함을 빌리게 되면 사업상의 배달 주소지를 가질 수 있고, 갑자기 판매원이 초인종을 누르는 일도 없을 것이다.

:: 이미지를 고려하라

많은 경우에, 사업상 전문가적인 이미지를 보여주는 것이 중요하다. 그래서 사업주는 자택이 아닌 별도의 사업 공간을 얻는 것이 더 적합한지를 판단해야 한다. 예를 들어서 회계사와 변호사는 신뢰할만한 사람으로 보일 수 있도록 사무실에 근거한 이미지를 가질 필요가 있다. 다른 전문가, 예를 들어 웹 디자인, 판매업, 컴퓨터 프로그래밍 등

 그리스도인의 **성공 로드맵**

은 재택근무에 적합한 일이다. 전화나 이메일로 고객과 접촉할 수도 있고 아니면 고객의 사무실이나 가까운 커피숍에서 고객을 만날 수도 있다.

:: 필요한 설비

사업하는데 필요한 설비가 어느 정도 필요한지가 또 하나의 요소가 될 수 있다. 필요한 모든 장비를 집에 들여놓을 수 없는 경우도 있다. 그런 경우에는 창고로 쓸 수 있는 공간을 임대하면 된다.

:: 사업용 전화

사업용 전화를 별도로 설치하라. 그러면 항상 전문가다운 태도로 전화를 받을 수 있다. 더 좋은 이미지를 보여주기 위해서는 전화 자동응답기보다는 음성 메일(voice mail)을 이용하라. 더 좋은 것은 전화를 받을 수 없을 때 자동응답 서비스를 이용하는 것이다. 자동응답 서비스를 이용하면 호출을 받을 수도 있고, 휴대 전화로 연결해줄 수도 있다. 팩스는 침실에서 떨어진 곳에 놓도록 하라. 그래야 근무 시간 이후에 팩스가 전송되는 소리에 잠을 방해받지 않을 수 있다.

개인적인 전화를 받느라 산만해지지 않도록 근무 시간에는 집 전화를 받지 않도록 하라. 한 변호사는 재택근무를 하고 있었는데, 그가 집에서 일하는 것을 알고 친구와 가족들이 너무 자주 전화를 걸었다. 근무 시간에는 정말 급한 일로만 전화하라고 친구와 가족들에게 부탁해야 할 것이다.

:: 일과 사생활

많은 경우에, 집에서 일하는 사람들에게 가장 큰 문제는 일과 사생활을 구분하는 것이다. 일정한 근무 시간을 정하고 그 시간을 고수하라. 정해진 시간에 일어나서 샤워하고 옷을 입고, 하루 시간표를 지키도록 하라. 근무 시간에는 개인적인 일을 하지 않도록 하고, 그 반대의 경우도 마찬가지이다.

일하는 공간과 사생활 공간을 분리하도록 하라. 그리고 일하는 공간에서는 일하는 습관과 마음 자세를 갖도록 하고 사생활 공간에서 일하지 않도록 하라. 사도 바울의 충고를 듣고 시간을 잘 활용하도록 하라(엡 5:15~16을 보라).

일하면서 자녀들을 돌보아야 한다면 효율성이 떨어질 수 있다는 것을 알고 그에 따라 계획을 세우라. 자녀들 때문에 방해받지 않도록 배우자와 합의를 하거나, 자녀들이 학교에 갔을 때나 잠자리에 들었을 때만 일을 하도록 한다. 배경음으로 아이들의 소리가 들리게 되면 고객이나 소비자는 거기에 신경을 쓰게 된다. 일하는 시간과 개인적인 시간을 분리하는 것이 불가능하다면, 그것은 집에서 일할 수 없는 충분한 사유가 된다.

 그리스도인의 성공 로드맵

:: 고객과의 만남

고객과의 만남은 고객이 거주하는 곳이나 식당이나 커피숍과 같은 중립적인 장소에서 갖는 것이 가장 좋다. 고객이나 소비자를 집에서 만나야만 한다면, 모든 것이 잘 정돈되어 있고 사업하기에 적합한 장소로 보이는지를 확인하라. 가족이 그 자리에 있는 경우라면, 사업상의 고객에게 합당한 태도로 행동해달라고 부탁하라.

:: 장래를 위한 계획

비용 문제 때문에 처음에는 집에서 시작하지만 수입이 허락한다면 다른 곳으로 이전할 계획을 세우는 사업가들이 있다. 그런 계획을 가지고 있는 사람이라면, 너무 오랫동안 집에 머무르지 않고 이전할 수 있는 전략을 미리 세워두어야 한다. 적절한 때에 자리를 옮기지 못해서 사업의 성장이 지체되는 경우가 많다. 신중하게 계획을 세우고 자기 훈련이 되어 있는 사람이라면, 집에서도 성공적으로 일할 수 있으며 그에 맞는 결과를 얻을 수 있을 것이다.

 **생각하기**

*어디에서 창업할 것인지, 그리고 그에 따른 세부사항을 어떻게 실천하느냐에 따라 수익이 크게 달라질 것이다.

*다른 모든 조건이 동등하다고 할 때, 적합하지 않은 장소를 선택하게 되면 큰 손해를 입을 수 있고, 반면에 탁월한 장소를 선택하게 되면 노력에 따라 수입은 더욱 증가할 수 있다.

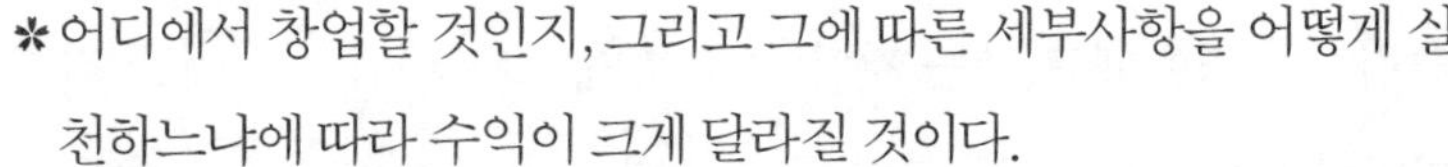 **해야 할 일**

1. 선정한 위치는 사업의 목적과 비전에 합당한가?

2. 위치 선정에 대한 체크리스트를 작성하고 그것을 두 가지 부분으로 나누라. 절대적으로 필요한 항목, 있으면 좋은 항목.

3. 위치 선정, 임대, 시설, 그리고 필요한 보수 공사의 분야에서 모든

비용을 항목별로 기록하라.

4. 적용 가능한 지역적인 제한 사항이 있는지를 문서상으로 검토하라.
   그리고 임대 및 전체 계약을 변호사가 검토했는지를 확인하라.

 신호등

멈추라 : 사업하기에 적당하고, 알맞은 가격의 장소를 찾지 못했다.
기다리라 : 한두 개 이상 가능한 장소가 있지만, 아직 조사하는 과정을 마
   치지 못했다.
진행하라 : 고객의 필요와 사업 비전에 적합한 장소를 찾았다. 가격도 적당
   하고 필요한 조사도 끝마쳤다.

12장

설비를 **갖추라**

사업에 필요한 설비를 미리 갖추어 두면 일을 원만하게 진행하는데 도움이 된다. 사업에서 성공하기 위해 실제로 무엇이 필요한가를 정하는 것부터 시작하라. (필요(needs)는 바람(desires)과 다르다. 바람은 있으면 좋은 것이지만 꼭 있어야 하는 것은 아니다.) 사도 바울은 "나의 **하나님**이 그리스도 예수 안에서 **영광** 가운데 그 풍성한 대로 **너희** 모든 쓸 것(all your needs)을 채우시리라"(빌 4:19)고 말했다. 하나님은 우리가 원하는 모든 것이 아닌, 우리에게 필요한 것을 공급해 주시겠다고 약속하셨다.

준비할 때는 다음 사항이 포함되어야 한다. A) 고객의 눈에 띄는 전반적인 사항, B) 사업을 운영하는데 필요한 설비, C) 필요한 물품 또는 재고.

어떤 경우에는 회사가 운영되는 모든 상황을 실제로 고객이 볼 수도 있다. 그렇다면 이 세 가지 부분에서 긍정적인 이미지를 주기 위해

그리스도인의 **성공 로드맵**

서는 특별한 관리가 필요할 것이다. 우편 주문을 받아 일하는 회사처럼 고객이 운영상황을 볼 수 없는 경우도 있다.

고객의 눈에 띄는 전반적인 사항

사업을 시작하기 전에 우선 목적선언문과 비전을 다시 확인해보라. 고객이 보게 되는 모든 사항에 목적과 비전을 표현해야 한다.

:: 내외적인 모습

건물의 외양은 고객을 초대하고 환영하는 듯해야 하며 사업 비전을 뒷받침해야 한다. 깨끗한 창문, 갓 칠한 페인트, 좋은 전망 등은 고객에게 긍정적인 메시지를 전달한다. 외부 모습은 고객이 가장 먼저 보게 되는 부분이기 때문에 모든 부분에서 호소력을 갖출 수 있도록 투자하라.

내부적인 면에서는 가장 먼저 단정하고 깨끗하게 해야 한다. 예산이 한정되어 있어도 모든 것을 깨끗하게 잘 정돈할 수는 있다. 어질러져 있는 책상은 그 주인이 단정하지 못한 사람이라는 메시지를 전달한다. 그렇게 되면 고객의 신뢰를 얻지 못할 수 있다.

벽에는 일과 관련된 것을 걸어놓도록 하고, 농담이나 만화, 일반적인 잡동사니를 걸어두지 않도록 하라. "고객 불만족 접수 센터 1-800-

GET-LOST('어찌할 바를 모르다' 또는 '냉큼 나가' 라는 뜻)로 전화하십시오"라는 표지판을 본 적이 있다. 또 다른 상점에서는, 쥐덫 안쪽으로 고객 서비스 버튼을 설치해 놓았다. 이 두 가지 경우는 매우 부정적인 메시지를 전달한다.

고객을 만나기 위해 돌아다녀야 하는 사업도 있다. 그런 경우에는 고객이 당신과 당신의 자동차를 보게 될 것이다. 고객에게 어떤 이미지를 주고 싶은지, 비전에 맞는 이미지는 무엇인지를 결정하라. 당신의 자동차, 옷차림, 명함 등은 모두 메시지를 전달한다. 서류를 서류가방에 넣는 것, 그리고 회사 로고가 찍힌 옷을 입는 것과 같은 사소한 일도 고객에게 일관성 있는 이미지를 주고 좋은 인상을 남기게 된다.

:: 상품의 진열

선반이나 그 밖의 다른 진열 방법을 선택할 때는 어떤 물건을 진열하려고 하는지, 그리고 어떻게 하면 고객의 호감 있는 반응을 이끌어 내어 물건을 잘 팔 수 있는지를 고려해보라.

모든 상품이 눈에 잘 보이게 진열되었는지를 확인하라. 상품을 돋보이게 할 수 있는 가장 좋은 방법은 물건 사이에 일정한 공간을 두는 것이다. 너무 많이 쌓아두지 않을 때 각각의 상품이 돋보이게 된다. 사방으로 조금씩 공간을 두지 않으면, 고객은 상품에 질리게 되고 판매하려고 진열된 물건을 다 보지 못할 수도 있다. 사람들이 갑갑하다는

 그리스도인의 **성공 로드맵**

느낌을 받지 않고 편안하게 물건을 살펴볼 수 있도록 통로를 깨끗하게 유지하라.

화려한 부티크(여자용 고급 유행복이나 액세서리를 파는 가게)처럼 고급스럽고 특별한 제품이라는 이미지를 보이고 싶다면, 선반과 진열 케이스도 그런 비전을 반영해야 한다. 할인매장은 평범한 선반이나 상자에 진열할 수 있는데, 그렇게 하면 고객에게 절약의 이미지를 전달한다.

물건을 진열할 때는 고객이 그 상품을 어떻게 시험해 볼 것인지를 염두에 두라. 사륜 바이크, 스노우모빌, 트레일 바이크(험로용 오토바이) 등을 판매하는 모터스포츠 매장이라면 고객들이 둘러보고, 만져보고, 느끼고, 앉아보고, 실제로 타는 것을 상상할 수 있도록 많은 공간을 두어야 할 것이다. 반면에 다른 매장에서는 폐쇄된 박스 안에 넣어서 밝은 조명 아래 물건을 전시하는 것이 가장 좋은 방법일 수 있다. 보석 상점에서 물건을 전시용 케이스에 넣어 두는 이유는, 안전하게 보호하고자 하는 이유 외에 모든 제품이 특별하기 때문에 조심스럽게 다루어야 한다는 메시지를 고객에게 전달하기 위한 것이다.

상품을 올바르게 진열하려고 할 때 조명도 중요한 요인이다. 탁월한 조명은 그 상품을 최고로 빛나게 한다. 반면에 조명이 좋지 못하면 그 상품 최상의 모습을 손상시킬 수도 있다. 조명의 밝기뿐만 아니라 종류도 생각해야 한다. 어떤 조명은 경제적일 수는 있지만 상품을 제대로 표현하지 못하는 경우가 있다.

계산대 주위에는 물건을 쌓아두지 않는 것도 좋은 방법이다. 계산대 근처에 충동적으로 구매하기 쉬운 물건을 놓아두는 것도 좋은 생각이지만, 계산하기 편리하도록 충분한 공간을 확보하고 있는지를 확인해야 한다. 계산대가 복잡하다고 생각되면 사람들은 무의식적으로 물건을 덜 사는 경향이 있다.

비슷한 물건들은 함께 진열해야 한다. 그리고 가장 잘 팔리는 물건이라고 생각되는 것은 가장 잘 보이는 곳에 배치해야 한다. 고객들은 매장에 들어오면서 가장 먼저 보게 되는 것을 오랫동안 기억한다. 따라서 가장 좋은 상품을 눈에 잘 띄는 곳에 배치해야 한다. 고객들이 처음 들어오면서 '와우' 하고 감탄할 수 있도록 하라.

가장 잘 팔리는 물건을 눈높이에 맞춰 진열하는 것도 판매를 촉진하는데 도움이 될 것이다. 바닥에 놓여 있거나 높은 선반에 있는 물건은 잘 보지 못하는 경향이 있다. 그러나 바닥이나 높은 선반은 부피가 큰 물건이나 천천히 팔리는 물건을 놓기에 유용한 장소가 될 수 있다.

일을 진행해 나가면서 진열하는 문제에 있어서 목적한 바를 성공적으로 감당하고 있는지에 대해 친구들과 조언자들에게 정직하고 솔직한 의견을 구하라. 여러 사람들이 같은 의견을 말한다면 그 이야기는 정확할 것이다.

그리스도인의 **성공 로드맵**

:: 로고 제작

로고를 제작하는 일은 사업을 준비할 때 중요한 부분이다. 로고는 광범위하게 사용될 수 있고 또 사용되어야 한다. 로고는 회사의 비전을 반영하는 것이기 때문에 전문적인 디자이너를 고용하는 일은 투자할 만한 가치가 있다. 수백 달러를 투자해서 로고를 만들게 되면 그 로고는 광고, 명함, 문방용품, 매장 디자인 등에 사용될 것이다. 좋은 로고는 단순하고, 색채가 풍부하고, 기억하기 쉽고, 비전과의 일관성이 있어야 한다.

사업을 처음 시작할 때는 로고를 많이 사용할 일이 없을 수도 있지만, 그래도 좋은 로고를 만드는 일에 투자해야 하고, 계속 사업을 발전시키면서 로고를 활용해야 한다. 초기에 로고를 개발해 두는 것이 나중에 돈을 절약하는 방법이 된다. 지금 명함에 로고를 활용하면 상대방이 금방 기억할 수 있고, 나중에 명함을 다시 디자인하기 위해 비용을 중복해서 지불할 필요가 없다. 첫인상이 마지막까지 유지되기를 원하는 것처럼, 무슨 일을 하든지 일관성 있는 이미지가 중요하다.

:: 인쇄물

어떤 사업이든 창업할 때 몇 가지 인쇄물이 필요하다. 예를 들면 명함, 회사 주소와 로고가 찍힌 편지지, 포스터, 간판, 고객 주문 양식 등이다. 인쇄물은 사업의 비전과 일관성이 있어야 한다.

예를 들어 값비싼 맞춤형 가구를 전문으로 하는 인테리어 디자이너
는 문자를 도드라지게 도안한 고급스러운 명함을 원할 것이다.

명함은 읽기 쉬어야 하고, 이름과 주소를 쉽게 알아볼 수 있어야 한
다. 그리고 눈으로 보기에 호소력이 있어야 한다. 너무 많은 내용을 담
으려는 유혹을 피하라. 그렇지 않으면 너무 복잡하다는 인상을 주게
된다. 부수적인 정보를 담고 싶으면 접을 수 있는 용지로 디자인을 해
서 앞면은 단순하고 읽기 쉽게 만들고 안쪽에 자세한 사항을 넣도록
하라. 스페인어를 사용하는 고객을 대상으로 한다면 일부 명함은 스
페인어로 제작하거나 명함의 한쪽 면에 스페인어로 기재하는 방법을
생각해보라.

주문을 하기 전에, (고객의 입장에서) 어떤 인쇄물을 원할 것인지를
생각해보라. 문서를 이용해서 마케팅을 하고자 한다면 회사의 로고와
주소가 적힌 편지지를 디자인할 때 특별한 관심을 기울여야 한다. 대
부분 직접 만나서 거래를 하는 편이라면 인상적인 명함을 만드는 일
에 더 투자해야 한다.

고객 주문서, 판매 영수증, 송장 등은 사업과 당신 자신의 모습을 반
영한다는 것을 명심하라. 예를 들어 판매 영수증은 고객이 매장 밖에
서도 가지고 다니게 되는 문서이다. 미리 인쇄된 양식을 구매하더라
도 그 양식에 로고를 인쇄하는 일 등을 포함해서 자기 사업체에 적합
하게 만들 수 있는 방법을 생각해보라.

　　　　　　　　　　　　　　그리스도인의 **성공 로드맵**

:: 간판

집에서 창업할 때를 제외하고, 어떤 사업을 하든지 간판이 있어야 한다. 자신의 필요와 사업의 비전을 생각해보고, 그 필요사항에 맞춰서 간판을 주문하도록 한다. 고객이 사업장을 전혀 또는 거의 방문할 일이 없는 회사라면, 단순하고 기능적인 저예산의 간판도 무난할 것이다.

그러나 매장을 방문하는 사람들에게 크게 의존하는 사업이라면, 사람들의 이목을 끌고 사람들을 매장으로 들어오게 만드는 간판을 만드는 일에 투자해야 한다. 전문적인 간판 디자이너를 고용하는 일은 탁월한 투자가 될 것이다. 전문적인 디자이너는 사업체의 비전과 일치하고 고객을 끌어들일 수 있는 간판을 제작해 줄 것이다.

간판은 인도나 거리에서 사람들이 쉽게 볼 수 있도록 해야 한다. 그리고 간판을 보고 바로 멈출 수 있도록 해야 한다. 복잡한 거리에서는 간판을 더 특별하게 만들어서 다른 간판과 쉽게 구별될 수 있도록 한다. 간판은 그 매장에서 제공할 수 있는 상품을 표현해야 하고 로고를 표시해야 한다. 고객은 매장 안에 들어오기 이전에 간판을 보고 그 매장에 대한 이미지를 갖게 된다.

전문적인 간판 디자인 회사를 이용할 때의 장점은 그 회사가 간판에 대한 지역상의 규제사항을 알고 있다는 것이다. 대부분의 지역사회와 쇼핑 지역에서는 조명의 밝기와 모양뿐만 아니라 간판의 크기와 모양, 위치와 특성에 대해 제한 사항을 두고 있다. 간판에 대한 규정을 어기지 않으면서 가장 좋은 간판을 만들어야 한다. 간판을 바꾸거나 없애라는 지시를 받게 되면 뜻하지 않게 간판 교체 비용을 쓰게 된다.

사업을 운영하기 위한 설비

필요에 맞는 설비를 잘 구입하게 되면 창업비용을 절약할 수 있다. 고객 서비스와 직접적으로 관계되는 설비, 그리고 사업 운영을 지원하는데 사용할 설비가 필요하다.

고객을 관리하는데 필요한 설비의 목차를 기록하는 것부터 시작하라. 장비와 물품을 구입하러 갈 때는 자신이 선택할 수 있는 사항을 생각해보라. 가격은 매우 다양할 것이고, 중고 장비를 선택하는 것도 좋은 방법일 수 있다.

피트(Pete)는 수입이 제한적인 조경 사업을 하고 있었다. 피트는 45,000달러라는 큰 돈을 주고 모든 옵션 기능을 다 갖춘 비싼 소형 트럭을 사기로 결정했다. 그 외에 가끔 사용하는 굴삭기 같은 장비도 구입했다.

피트가 단돈 15,000달러를 주고 중고 트럭을 구입했다면, 그리고 어쩌다가 특별한 장비가 필요할 때 대여업체를 이용했다면, 귀중한 돈을 절약할 수 있었을 것이다. 피트의 예금 인출과 비싼 이율의 대출 때

   그리스도인의 **성공 로드맵**

문에 회사는 금방 적자 상태가 되었고 문을 닫을 수밖에 없었다. 그리고 피트는 다른 사람 밑에 들어가서 일하게 되었다.

빌은 새로운 레스토랑을 개업하면서 필요한 설비를 준비하는데 400,000달러의 융자를 얻었다. 대출금을 갚는데 한 달에 6,000달러가 필요했다. 빌은 9개월 후에 파산했는데 대부분 설비를 마련하는데 사용한 돈 때문이었다.

빌의 파산으로 모든 사업장비를 매각하는 곳에서 수(Sue)와 리차드(Richard)는 그 사업의 설비 전부를 단 60,000달러에 살 수 있었다. 부동산 임대료를 떠맡고 약간의 보수 공사만 한 후에 수와 리차드는 사업을 시작했고, 곧바로 수익을 올렸는데 그 이유는 아주 적은 금액으로 사업을 시작했기 때문이다.

새로운 사업을 시작할 때 우리는 '흥분하기 쉽고' 현명한 선택을 내리기가 쉽지 않다. 사람이기 때문에 우리는 우리에게 필요한 것 대신에 우리가 '원하는' 것에 빠져들기 쉽다. 내가 주인이라는 자만심과 내가 얼마나 잘하고 있는지를 세상에 보여주고 싶은 욕심 때문에 현명하지 못한 선택을 할 수 있다. 솔로몬 왕은 "교만이 오면 욕도 오거니와 겸손한 자에게는 지혜가 있느니라"(잠 11:2)고 기록했다.

:: 필요한 것을 미리 정해 놓으라

물건을 구매하러 가기 전에 필요한 것을 미리 생각해두어야 충동구매를 피할 수 있다. 해야 할 일을 생각해보고 필요한 장비가 무엇인지를 판단하라. 중고품이나 수선한 장비로도 같은 일을 할 수 있다면 새로운 설비나 장비를 사는 일에 돈을 다 쓰지 않도록 하라.

레스토랑에서 사용하는 요리용 레인지, 오븐, 프라이팬 등 새 것의 가격은 합해서 50,000달러 정도이지만 이베이(eBay, 개인 경매 사이트)에서는 4,000달러에 구입할 수도 있다. 그런 물건들은 구입해서 깨끗하게 손질해야 하거나 인근의 다른 주에서만 구할 수 있을지도 모른다. 그러나 그런 물건을 얻기 위해 하룻길을 가야 하더라도 그렇게 하는 편이 비용을 절약할 수 있다. 이베이에서는 거의 새것인 냉장고를 새 제품 가격의 절반에 판매한다. 스테인리스 음식 조리대도 새것인 경우에는 1,000달러이지만 중고제품은 175달러이면 살 수 있다. 은그릇, 요리기구, 접시, 커피메이커, 그 밖의 다른 용품도 낮은 가격에 살 수 있다.

단지 가격이 저렴하기 때문에 중고물품을 사라고 권하는 것은 아니다. 중고품이 그 일에 적합한지를 확인하면서 세심하게 조사해보고 신중하게 구입해야 한다. 오랫동안 사용할 수 있을 만한 것인지도 확인해야 한다. 장비를 철저하게 점검하고 문서로 된 보증서를 가지고 있어야 한다. 필요하다면, 도와줄 수 있는 전문가를 고용하라. 50,000

달러짜리 주방 시스템을 4,000달러에 설치한다면, 전문가의 조언을 들을 수 있는 비용을 충당할 수 있다.

인터넷은 저렴한 가격의 물건과 중고 물건을 쉽게 검색할 수 있는 정말 좋은 방법이다. 매매 관련 출판물에서도 중고물품을 취급하는 중개인들의 이름과 판매중인 설비의 목록을 찾아볼 수 있다. 인내심을 발휘하고 시간을 내서 조사해 본다면, 거의 모든 물건을 적당한 가격에 얻을 수 있다.

중고품은 새로 시작하는 회사만 이용할 수 있는 것이 아니다. 수년 동안 우리는 중고 서류보관함을 계속해서 사들이는 회사와 거래하면서, 그 중고 서류보관함을 계속 구입하고 있다. 수년 동안 우리는 문서 보관을 위해 필요한 물품을 구매하면서 수천 달러를 절약하고 있다. 투손가스펠구원선교회(Tucson Gospel Rescue Mission)가 시설을 확충하려고 했을 때, 한번 사용한 적이 있는 조립식 주택을 설치해서 사역에 필요한 수천 달러를 절약할 수 있었다.

중고품이나 오래된 물건이 항상 좋은 것은 아니다. 예를 들어, 우리 집에는 언제부터인가 있게 된 1900년도 책상이 있다. 보기에는 좋지만 컴퓨터를 놓을 만큼 튼튼하지는 않다.

:: 설비 임대 또는 구입

오늘날에는 사업에 필요한 모든 것을 거의 임대할 수 있다. 중요한 질문은 "임대하는 것과 구입하는 것 중에서 어느 편이 더 좋은가?" 하는 것이다. 임대할 때 가장 좋은 점은 초반에 자금을 절약할 수 있어서 청구서대로 바로 지불할 수 있고 판매와 마케팅에 투자할 수 있다는 점이다. 그러나 이자, 원리금 상환, 위험 요소 등이 임대 가격에 포함되기 때문에 장기적으로 보면 임대가격이 훨씬 더 높을 수도 있다.

임대할 때는 모든 임대는 빚을 지는 것이며, 임대한 장비 또는 설비에 대해 값을 지불해야 할 의무가 있다는 것을 기억해야 한다. 신용 상태가 좋지 않으면 임대해주는 사람은 새로운 사업을 하려고 임대하는 설비에 대해 개인적인 보증을 요구할 수도 있다. 사업이 실패한다고 해도 그 빚에 대해서는 개인적으로 갚아야 할 책임이 있다. 나는 여러 번 사업이 잘 안 되어서 임대한 장비 및 설비를 되돌려 줄 수 있도록 도와주려고 했던 적이 있다. 임대해준 업체는 그 장비를 되돌려 주려는 제안을 거절했으며 임대료를 할인해주는 문제로 협의하는 것도 거부했다. 대신 임대료를 온전히 지불하라고 요구할 뿐이었다.

임대하기로 결정했다면, 그 설비에 대한 가격이 합당한지, 과장된 것은 아닌지를 알아보아야 한다. 계약서의 모든 조건을 세심하게 살펴보고 매달 지불하는 금액 그 너머를 생각할 줄 알아야 한다. 적당한 금액 이상으로 많은 빚을 지는 것인지도 모른다.

또한 임대가 끝날 즈음에는, 그 장비를 누가 소유할 것인지를 확인해두라. 수년 동안 원금과 이자를 지불한 후에도 그 장비에 대한 소유

 그리스도인의 **성공 로드맵**

권은 여전히 임대업체에 있는 경우가 많이 있다. 그런 상황에서 장비를 유지하기 위해서는 또 다시 임대하거나 곧바로 구매할 필요가 있다. 중고 컴퓨터는 가치가 거의 없기 때문에 임대가 끝날 즈음에는 손해 볼 일이 없다. 그러나 다른 장비의 경우, 예를 들면 인쇄기의 실제적인 수명은 30년이다.

돈을 절약하기 위해서 할부로 구입하는 것도 임대 대신에 선택할 수 있는 방법이다. 그러나 대부분의 은행이나 공급업체는 매달 할부 금액에 붙는 이자 이외에도 20~30퍼센트는 계약금으로 먼저 받기를 원할 것이다. 물론 그렇게 할 때의 좋은 점은 할부가 끝날 때쯤이면 그 장비가 자신의 소유가 된다는 것이다. 가능하다면 현금으로 지불하고 필요한 것을 위해 미리 저축하는 것이 언제나 좋은 방법이다.

임대와 할부 구입은 사실 모두 빚지는 것이다. 하박국 선지자는 유다에 대해 경고하면서 이렇게 말했다. "너를 물 자들이 홀연히 일어나지 않겠느냐 네가 그들에게 노략을 당하지 않겠느냐"(합 2:7).

지불해야 할 돈을 얼마간 지불하지 않으면, 임대업체가 임대해준 장비를 회수하기 위해 현관문을 두드리는 상황이 일어날 것이다. 다윗 왕은 "악인은 꾸고 갚지 아니하나 의인은 은혜를 베풀고 주는도다"(시 37:21)라고 말했다. 빚에 대한 책임을 회피하지 말라는 심각한 경고의 말씀이다.

필요한 물품 목록

어떤 사업을 하든 일반적으로 사무실과 사무용품이 필요할 것이다. 물품을 쌓아두고 부품 서비스를 해야 할 사업체도 있을 것이다. 기본적인 사무용품을 구비할 때는, 재고물품을 최소화하도록 하라. 사무용품을 쌓아두려고 한꺼번에 많은 돈을 쓰기 보다는, 필요한 대로 일주일에 한두 번씩 물건을 구매하면 된다. 사무용품 매장에서는 무료로 혹은 저렴한 가격에 배달까지 해준다.

사업을 하면서 어떤 물건을 얼마나 자주 사용하는지를 파악했다면, 그 다음에는 더 많은 양을 비축해 둘 수 있다. 에스라 선지자는 백성들이 예루살렘으로 돌아올 수 있도록 준비하고 있었다. 필요한 물품을 다 모은 후에 "모든 것을 다 계수하고 달아보고 그 중수를 당장에 책에 기록하였다"(스 8:34). 재고 목록을 관리하는 일은 오늘날 우리들에게도 중요한 일이다.

재고물품 회전율은 어떠한가?

:: 재고물품 회전율

재고물품 회전율을 이해하는 일은 중요하다. 재고물품을 두 달마다 100퍼센트 다 판매한다면, 회전되는 시기는 일 년에 여섯 번이다. 필요한 재고물품을 계산하기 위한 간단한 방법은 다음과 같다.

$$계산하는\ 주기 + 주문하는\ 주기 + 배달\ 시기$$
$$= 확보해야\ 하는\ 재고량$$

예를 들어 한 달에 한 번(30일) 재고물품을 계산한다면, 그리고 일주일마다(7일) 주문을 하고, 물건이 오는데 2개월(60일)이 걸린다면 재고상의 물품에는 최소한 97일이 필요한 셈이다.

그러나 실제적으로는 약간의 여유가 있어야 할 것이다. 주기를 빠듯하게 운영할 수 있다면 그만큼 더 적은 양의 재고물품을 유지해도 된다. 매주 재고물품을 점검한다면, 2주 안에 물건을 가지고 오도록 즉시 주문하라. 그러면 97일이 아닌 30일 단위로 물품을 확보하면 된다.

대부분 사업체에서는 물품을 너무 많이 사거나 아니면 너무 적게 사들인다. 고객의 수요를 감당할 수 있을 만큼 충분한 물품을 가져다 놓지 않으면, 판매도 못하고 훨씬 비싸게 이월 주문을 해야 한다. 너무 많은 물품을 가져다 놓으면 다른 곳에 더 효과적으로 사용할 수 있는 돈을 그렇게 소비해버리는 셈이 된다.

재주문을 할 때는 리드 타임(lead-time : 기획에서 제품화까지의 소요 시간, 발주에서 배달까지의 시간, 기획에서 실시까지의 준비 기간)을 고려하라.

그리고 물품을 빠르게 가져다줄 수 있는 공급업체를 선정하도록 하라. 그런 업체를 선정하는 것은 투자 금액을 낮추는데 도움이 된다. 물건을 받는데 8주가 걸린다면, 더 많은 양의 물건을 주문하도록 계획을 세우면서 재주문하는 주기를 더 길게 잡도록 한다.

:: 팔리지 않는 물건에 대한 반품

팔리지 않는 물건을 반품하는 능력은 어떤 사업을 하는 사람이든 그 사람에게 중요한 장점이 된다. 사업을 새로 시작하는 사람에게는 특히 더 중요하다. 물건을 반품할 수 있다면, 다른 물건으로 대체해야 하기는 하지만, 투자한 돈의 전부 혹은 일부라도 회수할 수 있다.

나는 최신 유행을 따르는 화랑을 운영하는 한 고객을 알고 있는데, 그 화랑에서는 그림, 벽지, 욕실과 주방의 장식물 등을 포함해서 매우 다양하고 다채로운 물건을 생산하는 작가를 내세우고 있다. 모든 작품은 색깔이 다채롭고 현대적이다. 화랑은 처음에 150,000달러어치의 물건을 주문했다. 이 화랑은 경험을 통해 물건의 1/3 정도는 금방 팔리고, 1/3은 천천히 팔리지만, 나머지 1/3은 전혀 팔리지 않는다는 것을 알게 되었다. 새로 시작한 화랑으로서 팔리지 않는 물품을 50,000달러어치나 가지고 있는 것은 큰 부담이었다.

화랑은 팔리지 않는 물건을 그 작가에게 반품하고 잘 팔리는 물건으로 교환해주기를 원했다. 그러나 작가는 어떤 반품도 받아들이려하지 않았다. 결국 50,000달러어치의 재고는 1달러를 25센트로 계산하여 막대한 손실을 보고 팔 수밖에 없었다. 판매되지 않은 물건을 반품할 수 있도록 하는 것이 현명한 조치였을 것이다.

:: 위탁 판매

일부 소매업자들은 물건을 무조건적 사들이기보다는 위탁 판매로 받아오기도 한다. 위탁 판매의 경우에는 공급업체가 팔아야 할 물건을 받아서 그 물건을 대신 판매해주면 된다. 물건을 팔고 난 후에, 그 대금을 공급업체에 지불하면 된다. 팔리지 않은 물건에 대해서는 반품할 수 있다.

위탁 판매는 예술작품, 상품권, 또는 특제품을 판매할 때 효과적이다. 더 나아가 새로운 업체가 당신에게 물건 판매를 맡기고 싶어할 때, 그 제품을 위탁 판매하기로 제안하면서 고객에게 어떤 부담감도 주지 않으면서 그들에게 감동적인 무엇인가를 제공할 수 있는 기회를 달라고 요구할 수 있다.

:: 재고관리시스템

오늘날 대부분의 사업체들은 전산화된 재고관리시스템의 도움을 받고 있다. 많은 소프트웨어 패키지가 나와 있기 때문에 현재 판매되고 있는 소프트웨어 중에서 사용하기 쉬운 것인지를 확인해보라. 매달 새로운 시스템이 나오는데 특정한 사업 형태에 맞게 구체적으로 제작되고 있다. 훌륭한 전산 시스템을 이용하면 사업상 가장 필요한 조치를 취하기 위해 필요한 정보를 분석할 수 있다.

대부분의 효과적인 재고관리시스템은 POS(point-of-sale : 판매 시점에서 컴퓨터로 판매 활동을 관리하는 시스템)인데, 이것은 회계 시스템과 바로 연결된다. 물품을 받는 대로 컴퓨터에 입력해 놓으면 계산대에서 계산되는 즉시 그 물건은 판매된 것으로 재고목록에서 제외된다. 이러한 시스템이 있으면 판매되는 상품과 판매되지 않는 상품을 분석하여 물품 구입을 조정할 수 있고 재고가 다 없어지기 전에 인기 상품을 재주문할 수 있다.

소프트웨어 시스템을 선택하기 전에, 매장을 둘러보고 그 시스템을 이미 사용하고 있는 사람의 조언을 구하라. 대부분 시스템의 가격은 1,000달러 이상이기 때문에 구입할 때 가격도 고려해야 한다. 사업의 비전과 필요를 잊지 않도록 하라. 예를 들어 대량의 물품 또는 고급스러운 물품을 다루는 기업이라면 탁월한 시스템에 투자하는 것이 현명하다.

사용하기에 편리한 시스템을 선택했는지를 확인하라. 아무리 좋은 시스템이라도 당신이나 직원들이 효과적으로, 지속적으로 사용할 수 없다면 가치가 없는 것이다. 자동차 시승을 해보는 것처럼 시스템도 시험 운영을 해보라. 어떤 시스템은 금전등록기와 연계되어 있어서 가격 정보와 재고상황을 계속해서 현재 자료로 업데이트한다. 업무가 끝날 때까지 계정을 열어두는 시스템을 원하는 회사도 있다.

시스템을 선택할 때 지불 방식을 고려해야 한다. 오직 현금만을 취급하는 사업체라면 수취계정 기능이 없어도 된다. 그러나 신용카드를 받는 사업체의 경우에는 송장을 자동적으로 만들고 수취계정시스템에 정보를 보낼 수 있는 재고관리시스템이 필요할 것이다.

예를 들어 자동차 서비스 센터는 처음에 자동차를 보아서는 어느 정도까지 수리를 해야 할지 모를 수 있다. 그날 하루에 일이 끝나든 아니면 며칠 걸리든, 일이 끝날 때까지 그 일에 대한 주문을 마감하지 말고 계속 진행 상태로 두어야 한다. 일에 필요한 부품과 인건비를 기록할 수 있는 시스템이 필요하다.

한정된 물품을 다루는 소규모 사업체에서는 수동시스템(manual system)을 이용할 수도 있다. 어떤 사업체에서는 현금 판매 영수증이나 상품의 가격표를 보관하고 그 정보를 손으로 기재한다. 이런 업체는 소량의 물품을 다루기 때문에 물건을 주문해야 할 때를 '눈으로 어림잡아' 판단할 수 있다. 이러한 단순한 방법으로 재고관리를 할 수 있다면 그것도 훌륭하다. 그러나 몇 천 달러를 투자하여 간단한 시스템을 마련하면 상당한 도움을 얻을 수 있을 것이다.

생각하기

✻ 설비를 갖추었는가?

✻ 대체적으로 고객들의 눈에 보이는 요소가 무엇인지 기록했는가?

✻ 적절한 설비를 모두 갖추었는가?

✻ 물품이 필요한가?

✻ 설비와 물품의 경우, 많은 양이 필요하든지 혹은 적은 양이 필요하든지간에 중요한 문제는 무엇을, 어디에서, 언제, 어떻게 할 것인지를 아는 것이다.

✻ 그런 방법으로 성공을 위해 항상 준비하고 있어야 한다.

해야 할 일

1. 필요한 설비의 목록을 작성하라.

2. 반드시 필요한 것은 아니지만 있으면 도움이 되는 설비의 목록을 기록하라.

   그리스도인의 **성공 로드맵**

3. 필요한 항목에 대한 가격 정보를 얻으라.

4. 중고 물품을 사용해도 원하는 목적을 이룰 수 있을지 고려해보라.

5. 수요를 감당할 수 있는 물품의 양이 어느 정도인지를 판단하라.

6. 판매되지 않는 물건은 반품할 수 있는가?

 신호등

멈추라 : 필요한 설비 목록도 작성하지 않았고, 필요한 것을 살만한 능력도 없다.

기다리라 : 필요한 설비의 목록을 작성했지만 좀 더 조사할 필요가 있다.

진행하라 : 필요한 설비를 명확하게 정리했으며, 비용을 결정했고, 필요한 것을 구입할 만한 능력도 있다.

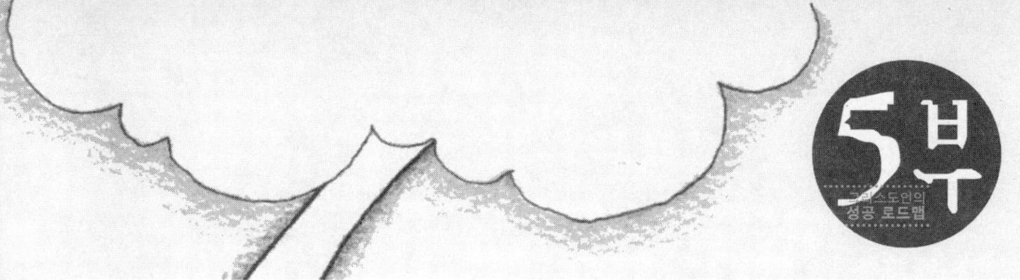

13장 직원을 고용하라
14장 일의 절차를 준비하라
15장 계획을 실행하라

사업상 결정 내리기

Roadmap to Success

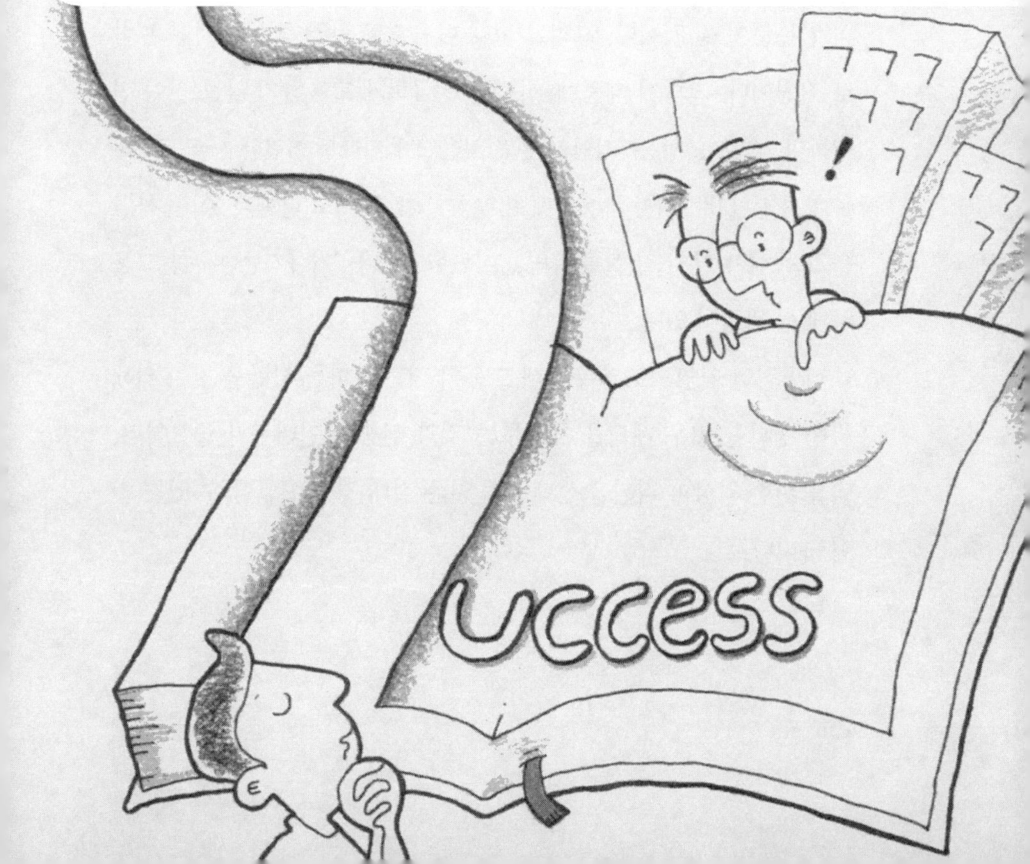

직원을 **고용하라**

조만간에 직원은 거의 모든 사업의 일부분이 될 것이다. 그리고 고객 다음으로 가장 중요한 자산은 바로 직원이다. 그렇기 때문에, 사람을 성급하게 고용하지 않는 것이 현명하다. 솔로몬 왕은 "장인이 온갖 것을 만들지라도 미련한 자를 고용하는 것은 지나가는 자를 고용함과 같으니라"(잠 26:10)고 말했다. 어떤 사람을 고용해야 할지 잘 모른다면, '미련한 자' 나 '지나가는 자' 를 고용하게 될 위험이 있다.

성공적인 기업으로 키우는데 도움이 되는 올바른 사람을 찾기 위해서는 정확한 업무 계획을 세워두는 것과 신중한 인터뷰가 중요하다. 팀을 위한 최상의 직원을 선택하는 일은 절대 경솔하게 할 수 있는 일이 아니다.

신중함이 필요하다

어리석음(insanity)에 대한 가장 좋은 정의는 '다른 결과를 기대하면서도 같은 행동을 계속 반복하는 것' 이다. 그런 정의에서 볼 때, 왜 많은 기업 경영자들은 새로운 직원을 계속 채용하면서도 똑같이 보잘것없는 이윤만을 남기고 있는 것일까?

"나는 사람을 금방 파악합니다" 라고 자동차 부품 매장의 주인인 데이브가 나에게 말한 적이 있다. "나는 사람들을 면접하는데 많은 시간을 쓸 필요가 없습니다. 저는 사람을 아주 잘 볼 줄 압니다. 저는 한번만 보면 훌륭한 직원인지를 알 수 있습니다." 여러분에게도 익숙한 말인가?

그러나 데이브는 좋은 사람을 찾는 일이 얼마나 어려운 일인지 금방 알게 되었고, 그나마 고용한 사람도 일을 하다가 금세 그만 두고는 했다. 데이브와 일하는 직원도 그리 행복해 보이지 않았는데, 이것은 그리 놀라운 일이 아니다. 그러나 내가 데이브에게 직원 고용하는 방식을 조금 바꾸어보라고 제안했을 때 데이브는 "하루 종일 직원 면접만 보고 있을 수는 없습니다" 라고 말했다. 사실 데이브가 효율적으로 일할 수 있는 팀을 만들고자 한다면, 면접을 위해 시간을 내야 한다.

준비가 필요하다

처음 얼마 동안에는 사업주 혼자 모든 일을 한다 할지라도, 이전에 만들었던 업무분담 조직도(3부)는 정말 큰 도움이 될 것이다. 우리가 토론했던 것처럼, 업무분담 조직도는 현재 상황에만 근거하기 보다는 사업의 장래 비전을 반영한다. 완벽한 업무분담 조직도를 이용하게 되면 어떤 일을 자신이 감당할 것인지, 그리고 고용하게 될 첫 직원에게는 어떤 일을 맡길 것인지 판단할 수 있다.

업무 내용을 효과적으로 작성하여 직장 내에 필요한 일을 명확하게 이해하고, 이력서를 효율적으로 분류하고, 면접을 제대로 보고, 신원증명서를 철저하게 점검한다면 직원 채용에 성공하고 효과적인 팀을 만들 수 있는 가능성이 높아질 것이다.

:: 업무 내용(job description)을 기록하는 것부터 시작하라

첫 번째 단계는 업무 내용을 완벽하게 기록함으로써 각각의 자리에 필요한 자질이 무엇인지를 정리해두는 것이다. 첫 번째 단계는 매우 중요한데, 이 단계에서는 각각의 자리에 필요한 핵심적인 능력이 무엇인지를 정의하는데 초점을 맞춰야 한다. 그러면 그 일에 적당한 사람이 누구인지를 파악하는데 도움이 된다.

업무 내용을 완벽하게 기록할수록 그 자리에 합당한 직원을 구하는

 그리스도인의 **성공 로드맵**

일이 쉬워질 것이다. 동시에 잘 작성된 업무 내용은 모든 지원자가 이해할 수 있도록 단순명료해야 한다. 업무 내용을 완벽하게 기록하고 싶겠지만 그렇다고 해서 너무 세세한 부분에까지 집착하지 않도록 하라. 기본적인 내용을 다루도록 하고 시간이 가면서 필요한 부분을 보완하도록 하라.

아래는 자동차 정비소의 업무 내용에 포함될 수 있는 항목의 예를 든 것이다.

1. 고객의 자동차를 수리하는 일
2. 고객의 계좌에서 입금된 돈을 기재하는 일
3. 접수대에서 고객의 주문을 받고, 확인하고, 명확하게 설명하는 일
4. 창조적인 광고 전략을 준비하는 일
5. 매주 정비소 유리를 닦는 일

소매점에서 일하는 판매사원의 업무 내용에는 아래 사항이 포함될 수 있을 것이다.

1. 금전등록기를 담당하는 일
2. 특별 주문을 넣는 일
3. 고객이 물건을 찾을 때 도와주는 일

4. 다양한 배경을 가진 고객들을 편안하게 상대해 주는 일

5. 기쁘게 다른 사람을 돕는 일

모든 지원자에게 업무 내용을 설명해주고 일에 대한 책임과 그 일에 대한 기대치를 이해시켜야 한다. "교만에서는 다툼만 일어날 뿐이라" (Through presumption comes nothing strife : 추측으로는 다툼만 일어날 뿐이다. NASB)(잠 13:10). 효과적인 업무내용 설명서를 잘 준비한다면, 사업주나 직원들이 오해와 잘못된 추측으로 후회하는 일은 없을 것이다.

최소한 일 년에 한 번씩 다시 검토해보고, 필요하면 수정할 수 있도록 수첩에 모든 업무 내용을 기록해 놓는 것도 도움이 될 것이다.

:: 중요한 기술과 능력을 정의하라

업무내용 설명서가 업무와 그 일에 대한 책임을 기록한 것이라면 그 일을 훌륭하게 수행하는데 필요한 기술, 능력, 특징적인 성격 등을 정해 놓아야 한다. 하나님께서는 모든 사람들에게 각자 귀중한 기술을 주셨는데, 그 사람의 은사(gift)와 그 사람이 해야 할 일이 잘 맞아떨어지기만 하면 업무를 효과적으로 수행할 수 있다. 예를 들어 보겠다.

1. 회계 업무에는 일반적으로 생각하는 것처럼 회계 원리에 대한 지식, 숫자에 대한 정확한 기록 능력, 컴퓨터 소프트웨어 시스템에

 그리스도인의 **성공 로드맵**

대한 운영 지식이 필요할 것이다.

2. 애완동물 가게 매니저는 훌륭한 의사소통 능력, 애완동물과 액세
서리에 대한 완벽한 지식, 훌륭한 청취 기술, 소매점 판촉 전략에
대한 이해 등을 갖추어야 한다.

3. 소방대원에게는 체력과 위급상황에 침착하게 대응할 수 있는 능
력이 필요하다.

4. 자동차 판매원은 효과적인 사람을 다루는 기술과 커뮤니케이션
기술을 갖춰야 한다.

많은 경영인과 사업주는 직원들이 가져야 할 자질에 대해 직관적인
감각에 의존한다. 그러나 업무내용 설명서를 준비하고 확인하고, 필
요한 기술과 능력을 기록하는 단계를 신중하게 거칠 때, 올바른 사람
을 적재적소에 성공적으로 고용할 수 있다.

:: 자격조건(requirements)과 선호조건(preferences)을 구분하라

자격조건이란 '반드시 가져야' 하는 전제조건(증명 가능한 기술, 능
력, 자격증 또는 이전의 경험)으로서, 그 사람에 대해 한 번 더 고려해 보
게 하는 역할을 한다. 예를 들어 치과 기공사는 치과 조수로서 전문적
인 자격증을 가지고 있어야 한다. 수석 회계사의 자리에는 공인회계

사 자격증을 가지고 있는 사람을 두어야 한다. 행정업무를 보조하는 사람으로는 최소한 1분에 40단어를 기록할 수 있는 능력이 있어야 할 것이다.

경력이 몇 년인가에 집중하기 보다는 과거에 그 일을 성공적으로 해냈다고 인정을 받았는지, 그리고 어떤 기술을 가지고 있는지를 구체적으로 알아보아야 한다. 다시 말해서 경험은 별로 없을지라도 이 사업체에 적합한 직원일 수 있다. 특정한 분야에서 많은 시간을 보냈다고 해서 자동적으로 뛰어난 능력을 갖추고 있는 것은 아니다.

선호조건이란 그 일에 절대적으로 필요한 자질은 아니지만, 지원자들이 가지고 있으면 좋은 자질을 말한다. 신입사원에게 가르칠 수 있는 자질은 선호조건으로 분류되어야 한다. 자격조건은 본질적인 기술로만 제한하고 다른 모든 사항은 선호조건으로 여긴다면, 그 일에 잘 맞는 사람을 찾을 수 있는 가능성이 더 높아질 것이다.

예를 들어 서점 경영자를 찾고 있다면, '소매점 경영 경력' 을 가지고 있는 사람을 자격조건으로 내걸 수 있다. 반면에 '서점 경영 경력' 은 선호조건이 될 것이다. 자격조건을 '서점 경영 경력' 으로만 제한한다면 소매점 경영에 있어서 풍부한 경험을 가진 열렬한 독서가를 제외시킬 수 있다. 다시 말하면 매력적인 후보자를 놓칠 수도 있다.

지원자를 받기 시작하면서 자격요건과 선호조건을 분명하게 생각하고 각 지원자의 자질을 빠르게 파악할 수 있어야 한다.

 그리스도인의 **성공 로드맵**

:: **효과적인 면접을** 하라

효과적인 면접의 기술을 개발할 수 있는 구체적인 방법을 살펴보기 전에, 면접의 목적을 이해하고 있는지를 확인해야 한다. 면접 절차에는 여러 가지 목적이 있다.

1. 지원자의 능력을 평가하라. 성공할 수 있는 기술과 능력을 가지고 있는가?

2. '처리능력'을 평가하라. 실제 실습을 통한 교육을 받아들일 것인가?

3. 관심이 어느 정도인지를 판단하라. 지원자는 그 일을 하고 싶어 하는가?

4. '적합한지를' 평가하라. 당신의 사업과 경영 스타일에 적합한 사람인가? 팀으로 협력할 줄 아는 사람인가?

5. 태도는 어떠한가? 지원자는 긍정적인 태도를 가지고 있는가?

6. 의사소통 기술을 평가하라. 성공하기 위해 필요한 의사소통 기술을 가지고 있는가?

7. 이력서를 확인하라. 모든 사항이 사실이고 정확한가? 과거 경력에 대한 기록은 정확한가?

:: 먼저 전화 면접으로 1차 탈락자를 결정하라

나는 사람을 채용하려는 경영인들에게 먼저 지원자들과 전화로 면접할 것을 권유한다. 먼저 전화 면접을 보게 되면, 여러 사람의 시간을 절약할 수 있고 기본적인 정보를 얻을 수 있으며 회사에서 원하는 유형에 맞지 않는 지원자들을 우선적으로 제외할 수 있다. 전화 면접의 목적은 두 가지이다. 지원자가 회사의 기본적인 필요 사항에 적합한지를 판단하는 것과 실제 면접을 할 만한 가치가 있는 사람인가를 결정하는 것이다.

전화 면접을 통해서는 개인의 이력서에 기록된 내용을 확인하고, 일을 할 때 가장 중요한 필요조건을 설명하고, 일과 관련될 수 있는 과거의 경력에 대해 질문하는 것이 중요하다. 일의 직함만 보는 것이 아니라 그 사람이 실제로 했던 일에 초점을 맞추도록 하라. 그리고 지원자가 현재 하고 있는 일의 가장 중요한 측면에 대해서 그리고 과거에 일하면서 가장 성공적인 경험은 무엇이었는지를 질문해보라. 그 지원자가 이 분야에서 가장 필요로 하는 능력과 잘 맞는지를 검증해야 한다. 그렇지 않다면 실제적인 면접 일정을 잡을 필요가 없다.

전화가 끝날 때쯤이면 공식적인 면접 일정을 잡을 것인지, 아니면 시간을 내준 것에 대해 감사하고 그 사람의 자질이 회사의 필요와 잘 맞지 않는 이유를 설명할 것인지를 결정할 수 있도록 충분한 정보를 얻어야 한다.

그리스도인의 **성공 로드맵**

:: 면접을 실시하라

지원자가 면접을 보기 위해 들어왔을 때, 회사가 가진 최고의 가능성에 매력을 느낄 수 있도록 전문성 있는 분위기를 느끼게 해 주어야 한다. 면접 일정을 잡을 때 안내직원이나 직원들에게도 그 일정을 알려주어서 모든 사람들이 지원자들을 환영할 수 있도록 하라. 따뜻하면서도(비밀스러운 분위기가 아닌) 개인적인 분위기를 만들도록 하라. 그리고 방해하지 않도록 하라. 방해를 받게 되면 면접 담당자와 지원자 모두 집중할 수 없고 면접이 별로 중요하지 않다는 메시지를 전달하게 된다.

1) 미리 개요를 작성하라

올바른 선택을 하는데 필요한 정보를 확실하게 얻을 수 있도록 핵심을 찌르는 질문들로 미리 개요를 작성하라. 지원자들마다 개별적으로 사용할 수 있도록 필요한 만큼 복사를 하고, 각 면접에서 가장 중요한 부분과 그렇지 않은 부분을 기억할 수 있도록 표시해두라. 각 지원자에 대한 인상을 기록하는 일을 나중으로 미루지 말라. 면접을 진행하면서 메모하도록 하라. 시간이 흐르면 기억도 달라지기 때문이다. 질문을 했는데 침묵이 흐른다면 대답할 때까지 기다리라.

2) 이력서를 중심으로 질문하라

이력서에 기록된 세부 사항에서부터 시작하라. 각 경력에 대해서 시작한 날짜와 끝난 날짜, 처음 월급과 마지막 월급, 각 직장에서의 성공, 그로 인해 주어진 승진 등을 확인하라.

지원자의 이력서에 초점을 맞추어 면접을 보면 여러 가지 목적을 이룰 수 있다.

① 지원자는 익숙한 사항에 대해 면접을 보기 때문에 좀 더 편안함을 느낄 수 있다.

② 철저하게 면접을 보고자 하는 목적을 이루게 된다.

③ 이력서에 기록된 모든 중요한 사실이 정확한 것인지를 확인할 수 있다.

이력서의 50퍼센트는 잘못된 진술이나 거짓된 주장을 담고 있다고 한다. 엄밀히 조사하기 위한 질문과 추가 질문으로 사실을 알 수 있는 가능성이 높아지게 된다.

3) 능력에 초점을 맞추라

지원자의 능력을 정확하게 평가하기 위해서 이전에 일했던 경력에 대해 자세하게 들어보도록 한다. 과거에 어떻게 공적을 쌓았는지에 대해 질문함으로써 과거 직업에서의 성공에 대해 철저하게 질문해 보라. 그들이 가진 기술을 구체적으로 명확하게 보여줄 수 있도록 기회

  그리스도인의 **성공 로드맵**

를 주고 능력과 기술을 증명해 보일 수 있는 질문을 준비하라. 까다로 운 고객을 상대하는 일이 중요하다면, 역할극을 해보도록 하라. 면접 하는 사람이 까다로운 고객의 역할을 맡고, 지원자들이 그 고객을 어 떻게 상대하는지를 보는 것이다. 기계, 컴퓨터 또는 그 외의 전문적인 일에 대한 자신의 능력을 증명할 수 있도록 해야 한다.

4) 질문을 던지라

질문을 통해 능력을 평가하라.

- 과거에 했던 일에서 가장 중요한 세 가지 측면은 무엇인가?
- 당신이 전반적으로 성취한 내용은 무엇인가?
- 당신의 가장 큰 장점은 무엇인가?
- 당신의 가장 큰 약점은 무엇인가?

질문을 통해 태도와 경영 능력을 평가하라.

- 과거에 했던 일 중에서 가장 흥미 있었던 것은 무엇인가?
- 과거에 했던 일 중에서 가장 싫었던 것은 무엇인가?
- 현재 상사(boss)에 대해 설명해보라. 상사에 대해 좋아하는 점과 별로 좋아하지 않는 점은 무엇인가?

· 과거 상사와 있었던 갈등, 그리고 그 갈등을 어떻게 해결했는지
  에 대해 말해보라.
· 과거 상사들이 어떻게 해주었으면 일을 더 잘했을까?
· 현재 상사는 당신의 능력을 최대한 발휘할 수 있도록 도와주고
  있는가?
· 최근 세 명의 상사에게서 당신이 배운 점은 무엇인가?
· 과거 당신의 실적에 대한 평가는 어떠했는지 설명해보라. 그 평
  가는 공정했는가?

면접의 목표는 한 개인의 과거 경험을 볼 때 앞으로 이 회사에 도움
이 되는 방향으로 그가 성공할 수 있을까를 파악하는 것이다. 과거의
모든 상사가 '바보' (jerk)였다면, 지원자가 그 전에 직장을 그만둔 것이
모두 '정치적인 이유' 에서라면, 실적에 대한 평가가 항상 '불공정하
게' 이루었다면, 그 지원자는 고려해야 할 대상에서 제외해야 할 것이
다.

더구나 지원자를 면접하는 목적 중의 하나는 그들의 의사소통 기술
을 평가하는 것이다. 특히 고객들과 직원들이 함께 일하는 소매점 환
경에서 의사소통 능력은 특히 더 중요하다. 문장력을 평가하기 위해
서는 지원서 양식에 에세이 형식의 질문을 포함시키면 된다.

질문을 통해 의사소통 기술을 평가하라.

· 과거의 직장에서 말과 글을 통한 의사소통 능력은 얼마나 중요했
  는가?
· 말로 하는 것과 글로 쓰는 것 중에서 어느 의사소통 방법을 더 좋
  아하는가?
· 과거에 고객들과 의사소통하는 문제에 대해 어떻게 하라고 요구
  받았는가?
· 고객 서비스를 어떻게 정의하는가?

질문을 통해 팀(team)과 함께 일하는 능력을 평가하라.

· 팀으로 일해본 적이 있는가? 그렇다면 그때의 경험은 어떠했는
  가?
· 새로운 사람들과 일하게 될 때, 그들을 어떻게 알아가는가?
· 당신과 잘 지내는 동료들, 그리고 그렇지 못한 동료들에 대해 말
  해보라.
· 자신의 일보다 다른 사람의 일을 더 우선시 해본 적이 있는가?
· 예를 들 수 있는가?

면접이 끝날 즈음에 정말 관심이 가는 특정한 지원자가 있다면, "이 일을 하고 싶습니까? 만약 이 일자리를 제안한다면 결정하는데 얼마나 걸리겠습니까?"라고 질문해보라.

이런 질문을 통해 실제로는 이 일에 별로 관심이 없는 지원자를 가려낼 수 있다면, 그런 사람을 계속 상대하기 위해 시간과 노력을 낭비할 필요가 없을 것이다.

:: 주변 사람들의 의견을 참조하라

누군가에게 일을 맡길 생각이라면, 마지막 단계는 다른 사람들의 의견을 확인하는 일이다. 이 단계를 건너뛰면 안 된다. 장래를 가장 잘 예측할 수 있는 방법은 과거에 행한 일을 보는 것이다. 개인의 성격보다는 일과 관련된 의견을 듣도록 하라.

성격도 중요하지만 직장에서 그 사람이 어떻게 행동하는지를 아는 것이 중요하다. 주변 사람들의 의견을 듣는 목적은 다음과 같다.

① 지원자의 이력서 내용이 정확한지를 판단할 수 있다.
② 면접을 받으면서 대답했던 내용의 진실 여부를 판단할 수 있다.
③ 그 지원자가 이 직장에 얼마나 잘 맞을 것인가에 대한 통찰력을 얻을 수 있다.
④ 지원자의 또 다른 면모를 알 수 있다.

그리스도인의 **성공 로드맵**

성경은 "두세 증인의 입으로 말마다 확정하리라"(고후 13:1)고 말씀한
다. 그러므로 질문 목록을 작성하고, 한 명 이상의 의견을 듣도록 하
라.

참고인에게 질문할 내용

참고인의 의견을 듣고자 할 때는 아래 사항을 확인하고 싶을 것이다.

- 지원자의 이야기 중에서 중요한 부분
- 갈등상황을 어떻게 처리했는가
- 주어진 일을 끝까지 감당했는가
- 자신에 대한 비판을 어떻게 받아들였는가
- 그 일을 하면서 계속 발전하고 성장했는가
- 그들의 가장 큰 장점과 단점은 무엇인가

경영자들은 너무 시간이 없다고 생각하기 때문에 또는 자신의 면접
기술에 너무 자신감을 갖거나 핵심을 찌르는 질문을 할 줄 모르기 때
문에 가끔 참고인들의 의견을 들으려 하지 않는다. 같은 실수를 범하
지 말라. 참고인의 의견을 들으라.

생각하기

✱ 사업에 도움이 되는 직원을 고용하기 위해 어느 정도의 시간과 노력을 쏟느냐에 따라 사업의 성공과 실패가 결정될 수 있다.

✱ 신입사원을 고용하고 훈련하는 일에는 많은 시간과 재정이 필요하다.

✱ 직원을 고용하는 일에 있어서 올바른 절차를 따른다면, 올바른 사람을 고용할 확률이 더 높아진다. 그리고 제대로 일하지 않는 직원을 해고하고 다시 고용해야 하는 일로 시간을 소비하지 않아도 된다.

✱ 이 과정을 보물을 얻는 과정이라고 생각하라. 사업을 하면서 하나님께 영광을 돌리기 위해 필요한 보석을 찾는 일이다.

해야 할 일

1. 각 업무에 대한 업무설명서를 준비하라.

 그리스도인의 **성공 로드맵**

2. 각 업무에 필요한 기술과 능력의 목록을 기록하라.

3. 면접시 사용할 질문 목록을 작성하라.

 신호등

멈추라 : 업무설명서는 없지만, 일을 잘하는 것이 어떤 것인지는 알고 있다.

기다리라 : 어떤 일이 필요한지는 알고 있지만, 업무설명서는 작성하지 않았다.

진행하라 : 분명한 업무설명서를 준비했고, 각 업무에 어떤 기술이 필요한지를 판단했다.

14장

일의 절차를 **준비하라**

2년 전에 톰과 재닛은 테네시 주에서 〈잭슨 도어 앤 윈도우 컴퍼니〉(Jackson Door and Window Company : 문과 창문 제작회사)를 세웠다. 그들의 일은 여러 개의 맞춤형 창문 제작자들을 대표해서 주택건설업자와 창문 교체 업체에 물건을 판매하는 일이었다. 제품은 판매가 잘 되어서 판매액은 일 년에 2백만 달러가 되었고, 판매 담당 직원 두 명과 창문 설치를 담당하는 두 명의 직원을 고용했다.

예상되는 수익률과 전반적인 지출에 근거해서, 회사는 첫해에 140,000달러의 수익을 올릴 것으로 예상되었는데, 이는 새로 시작한 회사로서는 괜찮은 성과였다. 그러나 많은 문제가 일어나면서 회사의 수익률이 점점 줄어들고 있었다.

첫째로, 직접 치수를 재서 제작한 창문이 약간씩 크기가 맞지 않아서 창문을 설치하는데 더 많은 시간이 들거나 완전히 새로운 교체용 창문을 다시 주문해야 했다.

둘째로, 판매 사원이 주문받을 때 실수를 해서, 다시 새로운 제품을 만들어야 했고 잘못 제작된 제품은 재고로 쌓이게 되었다.

셋째로, '필요한 만큼' 주문을 넣어서 창문을 제작하는 것이 아니라, 창문이 팔릴 때마다 제작업체는 자동적으로 주문을 넣어 제작하고 있었다.

이러한 세 가지 문제 때문에 재고는 점점 쌓이고 있었고, 자금의 흐름도 악화되었다. 실제로 창고의 재고량은 전체 160,000달러나 되었다. 설상가상으로 고객들은 제품을 다시 주문하느라 지체되는 상황에 불만을 표시하고 있었다. 제품을 다시 주문하는 데는 3~4주가 걸렸다.

불행히도 문제는 거기에서 끝나지 않았다. 창문을 설치하는 직원이 일을 하는 중에 잘못된 장비를 가지고 있거나 필요한 장비와 설치 관련 재료를 갖추지 못한 경우가 계속 발생했다. 그런 경우에는 필요한 도구를 가지러 다시 본사로 돌아오거나 필요한 것을 구입하기 위해 근처 상점에 들러야 했다. 어떤 상황에서건 회사로서는 귀중한 시간과 돈을 낭비하고 있었다.

원활한 자금 흐름을 유지하고 수익률을 올릴 수 있었던 회사가 실제로는 손해를 보고 있었고, 톰과 재닛은 파산의 위기에까지 몰리게 되었다. 위기를 초래하게 된 주요 원인은 일을 운영하는 표준 절차를 마련하지 못했기 때문이다. 누구나 따라갈 수 있는 손쉬운 시스템을 만들고, 회사를 위태롭게 만들 수 있는 문제를 방지하는 절차를 정립하지 못했던 것이다.

:: 해결책

톰과 재닛은 사업에 대한 분명한 비전을 가지고 있었다. 그들은 커다란 틈새시장을 파악했고, 마케팅과 판매라는 큰 일도 잘 감당했다. 그러나 조직적인 운영 시스템이 부족했기 때문에 회사가 성공할 수 있는 기회를 거의 놓치고 있었다.

〈잭슨 도어 앤 윈도우 컴퍼니〉를 살리기 위한 계획이 빠르게 추진되었다. 단계적인 주문 과정을 확립하고 각 판매원은 그 단계를 엄격하게 지키도록 했다. 절차를 정하는 일은 문이나 창문 제작과 관련된 모든 측면에 대한 체크리스트로 시작되었다. 각 상품의 크기, 유형, 재질, 색깔, 장식적인 기법 등의 문제를 포함하여 유리를 선택하는 것부터 시작했다. 아무것도 우연에 맡기지 않았다. 체크리스트가 완성되고 고객은 주문과 관련된 계약서에 서명했다.

그 결과 실수하는 일은 거의 제로에 가까워졌고, 이전의 실수로 입은 손실을 만회할 수 있었다. 판매 직원이 체크리스트를 가지고 있기 때문에 주문하는 과정도 빨라졌는데, 이는 재조직화 과정으로 인해 얻은 부수적인 이득이기도 하다.

  그리스도인의 **성공 로드맵**

이와 함께, 설치하는 직원이 따라야 할 절차도 정해 놓았다. 직원은 제품을 설치하러 나가기 전에 주문을 확인하여 각 항목이 완전한지를 살펴보고, 어떤 도구가 필요한지를 판단하기 위해 일할 장소의 구체적인 사항을 검토한다. 그리고 트럭에 있는 모든 장비가 이용 가능한지를 확인한다. 이러한 절차를 거치면서 직원들은 일하는 장소에서 본사나 다른 가게로 여러 번 왔다 갔다 하는 일을 피할 수 있어서 효과적이고 전문적으로 일할 수 있었다.

조직화된 운영 시스템을 개발하고 정확하게 그 시스템을 지키면서, 〈잭슨 도어 앤 윈도우 컴퍼니〉는 파산의 위기에서 벗어나 높은 수익률을 올리는 회사로 바뀌게 되었다.

절차는 하나님에게도 중요하다

하나님은 질서정연한 절차를 중요하게 여기신다. 그렇기 때문에 사업을 시작하는 우리도 질서정연한 절차를 중요하게 생각해야 한다. 사업과 관련된 모든 면에 있어서 운영 절차를 세워놓아야 한다. 절차를 기록해 놓음으로써, 모든 직원들이 일관성 있게 항상 그 절차를 따라서 행동할 수 있도록 해야 한다.

하나님께서는 그분의 백성들에게 질서가 필요함을 말씀하셨다. 하나님은 아모스 선지자를 통해 말씀하셨다. "또 내게 보이신 것이 이러하니라 다림줄(a plumb line)을 띄우고 쌓은 담 곁에 주께서 손에 다림줄을 잡고 서셨더니"(암 7:7). 다림줄은 수직으로 늘어뜨리기 위해 줄에 추를 매단 것으로 일종의 간단한 도구이다. 건축업자는 그 줄을 따라 벽을 똑바로 세워나갈 수 있다.

맥도날드에도 음식을 만드는 모든 과정에 절차가 있다. 음식을 어떻게 저장할 것인지, 조리하는데 걸리는 시간은 얼마인지, 햄버거는 어떻게 만드는지, 심지어는 사용되는 케첩과 머스터드의 양까지 모든 운영 시스템이 결정되어 있다. 모든 세부사항을 다룬다. 고객들은 맥도날드에서 자신이 어떤 서비스를 받게 될 것인지를 분명하게 예상할 수 있고, 직원들은 효율적으로 일할 수 있다. 그 결과로 프랜차이즈 가맹점과 맥도날드 본사 모두 수익을 얻게 된다.

사업상 절차를 기록하라

각각의 업무상 위치와 해야 할 중요한 일을 살펴보고, 간단하게 절차를 기록하라. 사업상 절차를 기록하게 되면, 사업의 비전을 실현할 수 있는 가장 좋은 방법을 명확하게 보여줄 뿐만 아니라 신입사원을 더 빠르고 효과적으로 훈련할 수 있다. 고객을 섬길 수 있는 가장 효과적인 방법을 미리 정해둔다면, 직원들은 매번 양질의 서비스를 제공할 수 있을 것이다.

모든 사업은 각각 서로 다르다. 중요한 점은 각 일에 대한 절차를 결정하고, 기록하고, 그 다음에 서로 다 알 수 있도록 그 내용을 전달하는 것이다.

솔로몬 왕은 "나무가 남으로나 북으로나 쓰러지면 그 쓰러진 곳에 그냥 있으리라"(전 11:3)고 기록했다. 벌목하는 사람이 나무를 벨 때는, 그 나무를 치우기 쉬운 방향을 미리 결정해 놓고 나무를 베어야 한다. 일하는 절차를 개발하고 실행하는 것은, 나무가 어디로 쓰러지든지 간에 "나무를 쓰러져야 할 곳에 나무가 쓰러지도록" 하는 것과 같은 것이다.

〈잭슨 도어 앤 윈도우 컴퍼니〉는 주문을 받는데 필요한 표준적인 절차를 세워놓았다. 주문서 양식은 온전히 다 기록해야 했다. 양식을 온전하게 기록하지 않고 손쉬운 방법대로 하면 정해놓은 작업 규정을 어기는 것이 된다. 절차를 이행하지 않는 직원은 징계를 받거나 해고를 당할 수도 있다.

전체적으로 양식을 완전하게 작성해야 한다는 규정을 문서로 기록해 놓지 않았다면, 그리고 모든 직원들에게 분명하게 전달하지 않았다면, 절차를 따르지 않았다고 해서 어떤 징계를 내리는 것은 불공평할 것이다. 제대로 전달하지 않은 사항에 대해 실행하지 않았다고 책임을 묻는 것은 효력이 없다.

예를 들어, 소매상점에서는 계산대에서 이루어지는 간단한 절차를 정해 놓아야 한다. 금전 등록기를 사용하여 계산하는 것 외에 직원들은 "찾고 계신 물건을 모두 찾으셨습니까?" "물건에 대한 결재는 어떻게 하시겠습니까?" "영수증이 필요하십니까?" 등의 질문을 하도록 교육받을 것이다. 상품의 유형에 따라 주문한 상품을 어떻게 포장할 것인가에 대한 지침도 문서로 기록된 절차에 포함될 수 있다.

또 다른 예는, 전화를 어떻게 받을 것인가를 결정하고 그에 따라 직원을 교육하는 일이다. 〈잭슨 도어 앤 윈도우 컴퍼니〉의 직원들은 "안녕하십니까? 잭슨 도어 앤 윈도우입니다. 무엇을 도와드릴까요?"라고 전화를 받는다. 이렇게 전화를 받게 되면 단순히 "잭슨 도어 앤 윈도우입니다"라고 말하는 것보다는 고객들이 훨씬 더 친근감 있고 부드럽게 느낄 것이다.

:: 구체적으로 작성하라

업무설명서는 정말 구체적으로 작성해야 한다. 다시 한 번 말하지만, 그렇게 할 때 직원들은 회사의 비전을 이루기 위한 목표에 집중하게 되고 책임감을 가지게 된다.

자신에게는 명확해 보여도 다른 사람에게는 명확하지 않을 수 있다는 것을 기억하라. 다음은 호텔에서 손님이 체크아웃을 한 후에 그 방을 청소하는 직원을 위한 업무상 절차이다. 이 예를 살펴보고 업무상 절차에 대해 생각해보라.

 그리스도인의 **성공 로드맵**

1. 노크를 하고, 손님이 체크아웃을 했는지를 확인하기 위해 응답을
   기다린다.

2. 커튼을 열고, 불을 켠다.

3. 손님이 놓고 간 물건이 있는지 확인하고 혹시 있다면 매니저에게
   가지고 간다.

4. 손상된 부분은 없는지 확인한다. 손상된 부분이 있으면 곧바로
   매니저에게 보고한다.

5. 수건과 시트를 걷어서 세탁 바구니에 넣는다.

6. 먼지를 턴다.

7. 침대에 새 시트를 깐다.

8. 모든 전등, 시계, 텔레비전 리모콘, 그 밖의 물건들도 제자리에 놓
   는다.

9. 세제로 욕실의 타일을 닦는다. 변기와 욕조, 세면대를 청소한다.
   모든 얼룩이 지워졌는지 확인한다.

10. 샴푸와 린스를 사용했다면 새것으로 바꿔 놓는다.

11. 수건걸이에 새 수건을 걸어 놓는다.

12. 전구가 망가지지는 않았는지 확인한다.

13. 진공청소기로 카펫을 청소한다.

:: 문서화된 절차를 통해 양질의 서비스를 하라

양질의 상품과 서비스가 있을 때 고객들은 더 자주 찾아오게 된다. 그렇지 않으면 고객을 잃게 된다. 내가 방문했었던 홉스(Hops) 식당은 손님들에게 만족스러운 서비스를 하기 위해 탁월한 절차를 정해 놓고 있었다. 홉스 식당의 절차 가운데 하나는 손님들이 자리에 앉은 지 3분 안에 인사하는 것이다. 그리고 무엇을 마실 것인지를 묻는다. 그 테이블을 맡은 종업원이 서비스를 할 수 없는 상황이라면, 주인이나 매니저가 대신 하게 된다. '3분 원칙'을 세움으로써, 모든 종업원들은 손님에게 재빨리 인사해야 한다는 것을 알고 있다.

그 외에도 손님이 주문한 대로 고기를 익히기 위해서는 그릴의 온도와 요리하는 시간은 어느 정도여야 하는지 등에 대해서도 기준을 정해 놓았다. 그 결과 음식은 항상 똑같은 맛으로 조리된다.

또 다른 규정은 조리대에서 음식이 다 만들어지면 2분 안에 그 음식을 서빙한다는 것이다. 담당 종업원이 그렇게 할 수 없는 상황이라면, 다른 팀 구성원이나 매니저가 그 주문을 담당한다. 모든 종업원에게는 그 일에 협력해서 음식을 빨리 제공해야 할 책임이 있다. 모든 직원은 이 원칙이 지켜지는 일에 책임을 져야 한다.

나는 또 다른 식당을 알고 있다. 그 식당의 음식 가격은 매우 높으면서도 서비스가 일관성이 없었다. 모두 고급 재료를 사용하기는 했지만, 미디엄 레어 스테이크(medium rare steak)를 익히는 정도에 대한 명

 그리스도인의 **성공 로드맵**

확한 기준이 없어서, 고객들은 이 식당에 올 때마다 맛이 다른 스테이크를 먹고 있었다. 또 한 테이블은 한 명의 종업원만 담당하게 되어 있고, 그 일을 같이 하도록 정해진 사람이 없기 때문에, 일이 많으면 음식이 담긴 접시가 5분에서 7분 정도 조리대에 그냥 있는 경우도 있었다. 분명한 지침을 정해주지 않으면 확실하고 일관성 있는 행동이 이루어지지 않고, 그러다 보면 결국 사업은 실패하게 된다.

생각하기

* 사업상의 절차를 구체적으로 문서로 작성하게 되면 목표를 놓치지 않게 되고, 질서 있고 효율적인 방법으로 모든 일을 실행할 수 있고 직원들은 경영자가 자신들에게 무엇을 원하는지를 알 수 있으며 책임에 대해 평가할 수 있는 기준이 마련된다.

* 절차를 기록한 후에 그 내용을 주기적으로 살펴보면서 해야 할 일 중에 바꾸어야 할 것은 없는지, 더 좋은 아이디어는 없는지를 판단하도록 한다. 이러한 브레인스토밍 모임에는 직원들도 참여시킨다.

해야 할 일

1. 각 단계를 확인하고 그 단계에서 해야 할 일을 기록한 "일하는 과정에 대한 순서도"(flow chart)를 준비하라.

2. 각각의 중요한 일에 대한 절차를 기록하라. 반드시 이루어야 하는
   기준을 포함시켜야 한다.

3. 그 절차대로 한다면, 사업상 비전을 이룰 수 있을 것인지를 확인하라.

신호등

멈추라 : 일에 대해서는 알고 있지만, 절차를 기록할 필요는 없다.

기다리라 : 핵심적인 일을 정의했으며 해야 할 일을 이해했다. 그러나 그
   내용을 문서로 기록하지는 않았다.

진행하라 : 명확하게 정의된 절차를 기록했으며, 핵심적인 일에 대한 모범
   이 무엇인지도 포함되어 있다.

15장

계획을 **실행하라**

계획을 세우는 일은 중요한 첫 번째 단계이지만, 그것은 첫 번째 단계일 뿐이며 최종 단계는 아니다.

클레이(Clay)와 돈(Don)은 동업을 하기로 하고 텍사스 달라스에서 작은 파티용품 가게를 열었다. 처음 몇 달은 계획대로 진행되었지만 곧 문제가 발생했다. 몇몇 직원들은 열정이 부족했고, 고객 섬기는 일을 어려워하고 있었다. 손님을 모으려고 광고에 돈을 쓰고 있었지만, 클레이와 돈은 어떤 광고가 효과가 있는지, 혹은 효과가 없는지도 알 수 없었다. 클레이는 예산 이상으로 광고비를 더 쓰고 싶었지만, 돈(Don)은 그 일에 대한 확신이 없었다.

계획대로 일할 수 있는 시스템을 구축하면, 장기적으로 성공하는데 도움이 될 것이다. 수백 마일 이상 항해하는 선원이라면 정기적으로 항로를 확인하고 수정해야 한다. 항로에서 벗어났다는 사실을 선장이

빨리 알아차릴수록, 항로를 빨리 수정할 수 있고 목표 지점을 벗어나 표류하는 시간도 그만큼 줄어들게 된다. 중간 궤도 수정은 있을 수 있는 일이며, 빠르면 빠를수록 좋다는 것을 기억해야 한다.

직원을 감독하고 평가하라

직원들이 일을 시작하고 나면 경영자는 목표가 달성되고 있는지를 확인하는 일에 시간과 노력을 들여야 한다. 잘 작성된 업무설명서를 가지고 열심히 일하면서도 궤도에서 벗어나는 경우가 있다. 업무에 대한 효과적인 감독과 평가는 사업을 운영하는데 필수적인 요소이다.

직원을 훈련할 때는 그 일을 어떻게 하는가를 사업주가 직접 보여줄 수 있을 때 가장 잘 가르칠 수 있다. 그 다음에 직원들이 지침서를 따라 일하는 모습을 관찰해보면 된다. 명확한 지침이 있으면 앞으로 일어날 문제를 피하는데 도움이 된다. 성경에 보면 "사람마다 자기 소견에 옳은 대로 행하였던"(삿 17:6) 때가 있다. 그 결과는 대재앙이었다. 일을 할 때, 지원들은 항상 자기 눈에 좋은 대로 하는 것이 아니라 사업주가 보기에 좋은 대로 행해야 한다.

감독하고 훈련하기 위해서, "무식하고 미혹한 자를 능히 용납할 수" 있어야 한다(히 5:2). 대부분의 사람들은 일을 잘하고 싶어하며 상사를 기쁘게 하기를 원한다. 사업주가 친절하고 부드럽게 가르쳐주면 직원들은 잘 배울 수 있을 것이다. 개선되어야 할 부분에 대해서는 곧바로 지적해주는 것이 가장 좋다. 가능하다면 혼자 있을 때 지적하는 것이 좋다. 고객이 보는 앞에서 직원의 잘못을 지적해서는 절대로 안 된다.

우리는 서로를 격려하라는 명령을 받았다(히 3:13). 잘한 일에 대해 긍정적으로 격려해주는 것은 잘못을 지적하는 것만큼이나 중요하다. 욕하고 소리 지르고 위협하면, 직원들이 일에서 성공하도록 격려할 수 없다. 어떤 직원에게 심각한 문제가 있다면, 그 사람을 앉혀놓고 문제가 무엇인지를 설명하라. 그리고 어떤 행동을 언제까지 고쳐야 하는지 그리고 고쳐지지 않을 경우에 결과는 어떠할 것인지에 대해 설명하라. 심각하거나 반복적으로 일어나는 문제에 대해서는 문서로 정리해두어야 한다. 그러나 개인적인 문제에 대해 의논한 내용에 대해서는 사적인 문서로 기록해두어야 한다.

감독하는 일에는 정기적인 평가도 포함된다. 직원에게 일을 맡긴 후 첫 30일에서 90일 안에 평가가 이루어야 한다. 그후에는 일 년에 두 번, 혹은 일 년마다 한 번씩 평가하도록 하다. 평가 형식은 사무용품 상점에서 구입할 수 있다.

평가를 끝마칠 때는 일의 양과 질뿐만 아니라 그 사람을 신뢰할 수 있는지에 대해서도 초점을 맞추라. 가능한 한 구체적인 예를 사용하고 가장 뛰어난 성과를 강조하도록 하라.

솔로몬 왕은 훌륭한 본을 보여주는데, "전도자(Teacher)가 지혜로움으

그리스도인의 **성공 로드맵**

로 여전히 백성에게 지식을 가르쳤고”(전 12:9 상)라고 기록되어 있다. 사업주가 선생(전도자, Teacher)의 마음을 가질 때, 직원들이 효과적인 팀으로 성장하도록 격려할 수 있다.

대부분의 사람들은 긍정적인 피드백을 함께 해줄 때, 건설적인 비판을 잘 받아들인다.

예산에 충실하라

재정 계획을 세울 때는 지출, 예산, 자금 흐름에 대해 예상해야 한다. 모든 사업 경영자들의 책임은 이러한 요인들을 지속적으로 살펴보는 것이다. 예상한 대로 수입이 들어오지 않거나 지출 비용이 증가한다면 사업 운영에 즉각적으로 영향을 미칠 것이다.

판매가 정상적으로 되고 있는지를 판단하기 위해 월말 회계 보고서만 기다리고 있으면 안 된다. 매일, 매주, 판매 상황이 나아지고 있는지 판단하기 위해 보고서를 검토하라. 특히 처음에 판매가 저조하다고 생각되면 재빨리 조치를 취해야 한다.

예산 한도 이상으로 지출하는 일은 치명적일 수 있다. 지출 상황이 결국에는 어떤 결과를 초래할지에 대해서 항상 판단해야 한다. 예산에 없는 항목이지만 지출할 필요가 있다고 확신한다면, 예산 항목 중에서 줄이거나 삭제할 수 있는 항목이 있는지를 검토하라. 예를 들어

전기세와 같은 항목에서 예산보다 많이 지출되는 것은 아닌지 살펴보라. 그럴 경우 전기세를 적게 어림잡았다면, 다른 항목의 비용을 줄여야 한다.

또 자금의 흐름을 살펴보라. 잠재 고객이 25,000달러어치의 물건을 구입하기로 했지만 신용카드로 결제하여 돈이 들어오기까지 60일이 소요될 수 있다. 돈을 받기까지 그 기간을 유지할 수 있는 자금이 있는지를 판단해야 한다.

핵심적인 성공 요소를 발견하라

사업의 성공 또는 실패를 가름할 수 있는 중요한 성공 요소에 대해서 이해하고 있어야 한다. 성공을 결정 지을 수 있는 상위 다섯 가지 요인을 생각해보라. 그리고 그러한 요소들을 계량화하여 측정해보라.

포장배달 서비스의 분야에서는 약속한 날짜까지 안전하게 배송하는 비율이 얼마인지가 중요한 성공 요인이다. 조금이라도 실수하면 경쟁업체를 도와주는 셈이 되어서 당사의 시장점유율은 떨어질 수 있다.

마크(Mark)는 〈베이유 플럼빙 앤 히팅〉(Bayou Plumbing and Heating, 가스관 부설 및 난방 회사)을 소유하고 있는데, 사업의 성공 요인을 여러 가지로 파악하고 있다. 그 요인은 아래와 같다.

   그리스도인의 **성공 로드맵**

- 새로운 고객들이 일을 해달라고 전화하는 횟수

- 기존 고객이 일을 해달라고 전화하는 횟수

- 고객 서비스에 대해 지불을 요청할 수 있는 시간의 비율

- 이전 작업에 대한 보수공사 서비스를 요청하는 전화의 횟수

- 약속된 기간 내에 이루어지는 서비스 요청 전화의 비율

- 입찰로 얻은 공사의 비율

마크는 새로운 고객들과 기존 고객을 표시하면서, 서비스 받은 고객에 대한 기록을 계속 유지하고 있다. 직원들이 바쁘게 일할 정도가 되려면 약 100통의 서비스 요청 전화를 받아야 한다. 그렇게 서비스 요청 전화를 받기 위해서 광고한 후 그 결과를 기록하는 방법을 사용했다. 마크는 수첩에 고객들이 〈베이유 플럼빙 앤 히팅〉(Bayou Plumbing and Heating)에 대해 어떤 이야기를 듣고 있는지를 파악하여 기록한다. 서비스 요청 전화가 줄어드는 기미가 보이면, 마크는 광고비를 어디에 써야 곧바로 상황이 호전될 수 있는지를 알고 있다.

더구나 마크는 직원들이 각자 일하는데 사용한 시간의 최소한 50퍼센트에 대해서 청구할 수 있도록 하고 있다. 거기에는 이동 시간, 장비를 가져오는 시간, 예기치 않게 지연된 시간 등이 포함된다. 청구할 수 있는 시간의 비율에 따라 직원들은 평가받고 있으며 그 정보 또한 기록된다.

마크는 그 달에 수익을 올렸는지를 알기 위해 회계 보고서를 기다리지 않아도 된다. 청구된 시간의 비율, 그 달의 서비스 요청 전화의 횟수, 그리고 광고가 어떻게 이루어지고 있는지 등을 이미 알고 있기 때문이다.

하자 보수를 요청하는 전화를 받을 때도, 비용이 드는 일이기는 하지만 마크는 직원들에게 처음 전화 받았을 때 일을 제대로 하라고 격려하고 있으며 일을 완벽하게 끝마칠 것을 요구한다. 25건 중 한 번의 하자 보수 요청 전화를 받는 것이 마크의 목표이다. 그 이상으로 전화를 받게 되면 비용이 증가하게 된다.

일에 대한 계획이 잡히면 마크는 그 일을 매우 진지하게 받아들인다. 기한을 넘기게 되면 비용이 증가하고 고객의 불만을 살 수 있다는 것을 잘 안다. 일의 일정을 기록하는 직원과 함께 일하면서 모든 서비스 요청 전화 중 96퍼센트를 약속한 시간 내에 처리하고 있다. 직원의 일처리가 늦어지면, 마크는 약속된 서비스 날짜를 어기기보다는 초과 근무에 대한 수당을 지불한다. 이러한 정보도 빠짐없이 기록해 놓는다.

마크는 매달 5~10개 정도의 큰 공사를 따오는데, 일을 끝마치는데 대개 이틀에서 2주 정도 걸리는 일들이다. 마크의 목표는 입찰 가운데 25퍼센트 정도를 얻는 것이기 때문에 그 목표대로 진행이 되지 않으면 입찰 준비하는 방법을 다시 평가해본다.

마크의 사업에서 중요한 것은 사업에 적용할 수 있는 성공요인을 판단하고, 그런 다음에 성공하기 위해 해야 할 일을 적절하게 행하고 있는지를 확인하는 것이다. 그 결과를 평가하는 일은 성공을 담보하기 위한 중요한 과정이다.

실패에서 배우라

사업을 하면서 가장 고통스러운 현실은 항상 모든 일이 잘 되는 것은 아니라는 점이다. 계획을 잘 세우고 실천을 잘 하고 있음에도 불구하고 어느 부분에서인가 실패를 경험하게 된다. 중요한 것은 실패하고 있는 모든 상황에서 교훈을 얻고 같은 실수를 반복하지 않는 것이다. 솔로몬 왕은 "대저 의인은 일곱 번 넘어질지라도 다시 일어나려니와" (잠 24:16)고 기록했다. 우리는 모두 쓰러지고 넘어지지만 앞으로 나아가야 하며 실수와 실패를 통해 배워야 한다.

일이 뜻대로 되지 않을 때, 무엇이 잘못되었는지 그리고 그 이유는 무엇인지를 정확하게 파악하는 습관을 가져야 한다. 그 문제를 시정하기 위해 무엇을 변화시켜야 할지를 스스로에게 물어보라.

제시카는 인테리어와 데코레이션 사업을 운영하고 있다. 사업은 느리게 진척되었고 고객들도 거의 없었다. 제시카는 여러 가지 방법으로 광고도 해 보았지만 결과는 미미했다. 그래서 고객들과 접촉할 수 있는 새로운 방법을 시도했다. 그중에는 이 지역에 새로 이사 오는 사람들에게 우편 광고물을 보내는 방법도 있었다. 그 방법은 효과가 있어서 사업은 빠르게 성장하기 시작했다.

제시카는 막대한 광고비 예산을 세웠었다. 그러나 여러 가지 다양한 방법을 시도해 본 후에야 성공할 수 있었다.

어떤 방법은 버려야 할 때도 있다. 솔로몬 왕은 그런 사실을 알고, "찾을 때가 있고 잃을 때가 있으며 지킬 때가 있고 버릴 때가 있으며"(전 3:6)라고 기록했다. 일반적으로 노력해도 효과가 없고 해결책을 알 수 없다면 그 일은 그만 해야 할지도 모른다.

번창하고 있는 아이스크림 가게가 있다. 그러나 그 마을을 통과하던 주요 도로가 옮겨지면서 꾸준하던 고객의 흐름이 끊어지게 되었다. 아이스크림 가게 주인은 자금이 소진될 때까지 가게를 계속 운영할 수도 있었지만, 새로운 도로가 생긴 곳으로 이전을 하거나 아니면 문을 닫아야 할 것 같다고 생각했다. 그는 이전하는 쪽을 택했다.

이처럼 어려운 결정을 해야 할 때는 일찌감치 그 일에서 손을 떼고 더 이상 손해를 보지 않는 것이 좋은 방법이라는 것을 기억해야 한다. 내가 투자했던 양어장이 심각하게 침체되었을 때, 나는 내가 투자한 금액에 대해 1달러당 30센트를 받을 수 있는 기회가 있었다. 나는 그 제안을 받아들였고 일부 자금을 건질 수 있었다. 많은 것을 잃었지만 모든 것을 잃은 것은 아니었다.

돈을 썼는데도 그 결과가 실망스러울 때는 사용한 돈은 이제 없어

 그리스도인의 **성공 로드맵**

진 것임을 받아들여야 한다. 좋지 않은 상황에 계속해서 더 많은 돈을 쏟아 붓는 것은 일반적으로 범하기 쉬운 실수이다. 그러나 그것은 현명한 일이 아니다. 일부라도 건지는 것이 가장 좋은 선택일 수 있다. 아모스 선지자는 "목자가 사자 입에서 양의 두 다리나 귀 조각을 건져냄과 같이"(암 3:12)라고 기록했다. 늑대가 양을 삼켰다면, 그리고 단지 두 다리만 건져낼 수밖에 없다면 그 사실을 받아들여라. 상황을 생각해 보면 그것도 그리 나쁜 결과만은 아니다.

솔로몬 왕은 "네가 만일 환난날에 낙담하면 네 힘의 미약함을 보임이니라"(잠 24:10)고 말했다. 도전은 다가올 것이고, 낙심하여 쓰러질지도 모른다. 그때에는 자신이 사업에 있어서 하나님의 부르심을 받은 것인지, 아니면 자신의 야망에 의한 것인지를 분명히 해야 한다. 확신이 있으면, 어려움을 극복하는데 도움이 될 것이다. 바울은 "우리가 사방으로 우겨쌈을 당하여도 싸이지 아니하며 답답한 일을 당하여도 낙심하지 아니하며 핍박을 받아도 버린바 되지 아니하며 거꾸러뜨림을 당하여도 망하지 아니하고"(고후 4:8~9)라고 말씀했다.

생각하기

* 직원을 '감독하기' 위해 필요한 능력을 가지고 있다고 생각하는가?

* 예산은 어떠한가? 명확하게 정리되어 있는가?

* 핵심적인 성공 요인을 기록해보라.

1.
2.
3.
4.
5.

해야 할 일

1. 핵심적인 성공 요인을 기록해보라.

-
-
-
-
-

그리스도인의 **성공 로드맵**

2. 당신이 했던 실수 세 가지를 생각해보고, 그 실수에서 배운 점은 무엇인지 기록해보라.

3. 60일 동안 매주 예산에 대한 수입을 대조해보고, 예산 그 이상인지 아니면 그 이하인지를 판단해보라.

신호등

멈추라 : 나는 예산도 없고, 예산을 관리할 수 있는 능력도 없으며, 핵심적인 성공 요인이 무엇인지도 모르겠다.

기다리라 : 예산은 세웠지만 어떻게 관리해야 하는지 확신할 수 없고, 핵심적인 성공 요인에 대해서도 자신이 없다.

행동하라 : 나는 최소한 세 가지의 핵심적인 성공 요인을 알고 있으며 그 내용을 구체적으로 평가할 수 있는 방법을 알고 있다. 그리고 예산안에 대해서도 평가를 받을 준비가 되어 있다.

당신의 사업, 그리고 하나님께서 당신을 위해 계획하신 놀라운 일에 '끝맺음'은 없다. 이 사실은 믿어도 된다.

숙지해야 할 필요가 있다고 생각되는 부분에 대해서는 다시 읽어보고 성공을 위해 더 많은 준비를 하라고 권유하고 싶다. 사업상 동업자와 핵심 직원들도 당신과 같은 생각을 해야 하고, 사업상 결정에 대해서도 같은 생각을 가져야 한다. 이 책에서 당신이 배운 내용을 공유해야 한다.

꿈을 좇아 행할 때, 행운이 함께 하기를 기도한다.

하나님과 올바른 관계를 맺고 있는가?

하나님과 올바른 관계를 맺고 있지 않다면, 우리의 삶은 하나님과 매우 멀리 떨어져 있는 것이며, 너무 멀어서 하나님이 누구이신지조차 알지 못하고 있는 것이다. 그렇게 멀리 떨어져 있다면, 우리는 우리의 뜻대로 행하게 되고 그러면 하나님께서 우리의 삶에 대해 가지고 계신 계획에서 더 멀어지게 된다. 이러한 영적인 분리 때문에 계속해서 신체적으로, 감정적으로, 지적으로 불안정하게 된다. 이전에는 이러한 관계를 깨닫지 못했을 수도 있다. 하나님과의 풍성한 관계를 누리는 것은 우리의 가족, 친구, 사업을 포함해서 우리 삶의 전 영역에 대한 기초가 된다.

하나님께서 우리를 사랑하시고 우리를 가까이 하기를 원하신다는 사실을 이해하고 인정하는 것은 모든 지혜와 참된 만족의 출발점이다 (요 3:16). 예수님은 우리가 일생동안 고집해온 우리의 불순종 때문에 죽으셨다. 당신은 죄를 범했었다는 사실을 알고 있는가?

하나님의 값없는 선물인 평화, 목적, 그리고 풍성한 삶은 우리가 불순종함으로 하나님과 하나님의 길을 떠나있었고 그것이 바로 죄라는 사실을 깨닫기 전까지는 알 수 없는 것들이다. 그러나 우리는 마음과 행동으로 죄를 범했으며 예수님은 우리의 죄 된 성품을 대신해서 대가를 지불하셨다(잠 14:12, 롬 6:23).

하나님은 예수님의 십자가상의 죽음으로 말미암아 하나님과 인류 사이에 있는 간격을 연결할 수 있는 방법을 주셨다. 예수님은 우리 죄를 위해 형벌을 받으셨고, 하나님과의 올바른 관계 안에서 사는 방법을 우리에게 보여주셨다(벧전 3:18).

선택은 우리의 몫이다. 우리는 자신이 하나님과 올바른 관계를 맺고 있는지, 그렇지 않은지를 알고 있다. 그러나 자신의 삶에서 하나님과 올바른 관계를 가질 수 있는 방법을 모르는 사람도 있을 것이다. 하나님은 우리에게 선택할 수 있는 자유를 주셨다. ― 영원한 용서, 평화, 목적, 성취를 누릴 수 있는 풍성한 삶을 위해 하나님께 순종하든지, 아니면 자기 자신의 길을 고집하여 우리 자신과 다른 사람까지 멸망으로 인도하는 삶을 살든지 이것은 우리의 선택에 달려 있다. 하나님께 불순종한 것에 대해 진정으로 회개한다면, 그리고 기꺼이 죄 된 길에서 돌아서서 하나님을 따른다면, 그리고 날마다 순간마다 주님과 구주이신 하나님께 우리의 삶을 이끌어주시도록 맡겨드린다면, 우리

는 영원히 하나님과 올바른 관계를 맺게 될 것이다(롬 10:9, 계 3:20)

하나님과 올바른 관계를 맺기 위한 단계는 아래와 같다.

1. 하나님이 필요함을 인정하고, 자신의 죄에 대해 하나님께 회개하라.

2. 자신의 죄 된 길에서 돌아서서 하나님께로 돌아오라(요일 1:9).

3. 하나님의 아들이신 예수님께서 십자가에서 죽으시고 무덤에서 부활하셨으며, 지금 당신의 죄를 용서하신다는 것을 믿으라(엡 2:8~9).

4. 예수 그리스도를 자신의 삶으로 모셔 들이고, 성령으로 말미암아 삶에 대한 주도권을 내어 드리라(계 3:20).

당신의 질문에 대답하고, 당신과 함께 기도하고, 당신이 예수 그리스도를 통해 하나님과 올바른 관계를 맺고 그 안에서 기뻐하는 삶을 사는 방법을 알 수 있도록 돕기 위해 지금 누군가가 기다리고 있다. 자기 자신이 하나님께서 용서해주시고 영원한 생명을 주실 수 있는 선한 사람인지에 대해서 궁금해 하거나 계속 생각할 필요는 없다. 당신은 확실히 알 수 있다. 이 사실을 이해할 수 없다면, 또는 대답하기 어려운 질문이 있다면, 1-888-NeedHim으로 전화하기 바란다. 오직 하나님만이 우리의 일생을 알고 계시며, 내일이면 너무 늦을지도 모른다. 다음으로 미루지 말라. 그리스도와 함께 새생명을 누리라.